金女大校徽，中间是校训"厚生"。"厚生"的原意是人生丰满、丰厚。吴贻芳校长常常这样向学生解释："人生的目的，不是为了自己活着，而是要用智慧和能力来帮助他人，自己的生命也因之更为丰满。"

金陵女儿
图片故事

孙建秋　杨璐　编著

The Daughters of Ginling

Recaptured in Pictures

中国民族摄影艺术出版社
北京

金陵女子文理学院校歌

1=G

虎踞龙蟠兮，女校曰金陵，学科分文理，
中华号古国，文化早著名，道艺与方技，
研析求其真。看山高水长，浩荡莫与京，国家
学海浩无限。化民务成俗，立己更立人，女界
民族待兹山川效应，国家民族待
多才俊荦华赖栽成，女界多才俊
兹山川效应。
荦华赖栽成。

老校歌（1923—1941年）

我们都是金陵的儿女

1=♭A ♩

方颖保词
洪达琳曲

我们都是金陵的儿女，独立在伟大的时代高岗上。我们是紫金山的朝霞，我们是扬子江的波浪。不怕黑夜风雨颠狂，金陵要做祖国灯光。快乐而欢欣永不悲观与嗟叹，齐声高歌志气扬。

校歌，1942年，南京母校被占后，成都校友创作了这首激昂的歌曲，表现了金陵女儿的历史使命。"我们是紫金山的朝霞，我们是扬子江的波浪……金陵要做祖国灯光。"她们做到了。

前言

金女大全名金陵女子大学，或金陵女子文理学院。创办于 1915 年，是当时长江流域一带唯一的一所女子大学。这所私立的女子高等人文学院（College of Liberal Arts），强调人文精神和通识教育，力图为学生铺垫好较为全面的知识结构。学术方面，金女大崇尚批判性思维（critical thinking），反对人云亦云，因此学术空气很活跃。同时，金女大积极吸收国际先进的教育理念和元素，以开拓者的理念创建和树立校风，在民国时期女子高等院校中独树一帜。校训为"厚生"二字；强调德、智、体、美、群"五育"；认为人格重于人才，注重对学生人格的培养；强调教育与实践相结合。金女大为中国培养了近千位女性人才。《五朵金花》编剧赵季康，中国第一批留美物理学女博士何怡贞，教育家吴贻芳，指挥家郑小瑛，都是从金女大走出去的。金女大的办学既有全面先进的教育理念，又有具体明确的实现路径，具有较强的可操作性、可参考性和可复制性，对当前我国高校教育改革和"双一流"建设具有一定的启发和借鉴意义。

"金女大的一些做法，是我们现在想也不敢想，想到也未必能做到的。"（韩石山语）金女大从不设监考制度，但从来没有违规现象。这是因为金女大将德、智、体、美、群"五育"并重，并将德育放在首位。体、美育方面，每个周末会有音乐会的熏陶，会有校合唱团（Glee Club）活动和专职音乐老师指导，校园处处可听到合唱的练习声；体育课则贯穿一至四年级始终，体育不及格不得毕业，强调体魄的重要；美育贯彻在校园大的氛围中，建筑、生态、树木、花卉、校园中处处都是美的熏陶。群育方面，一年级的学生从入校开始，就分成小组为周边居民学校、工人夜校、周日学校、贫儿学校任课，为民众服务，承担社会责任。金女大培养了近千名高等学历人才，不仅如此，因为她们从一开始就接受了领导力培养，从而能够带动周边的同人，对社会做出较大的贡献。

金陵女大先后有两个校园——租借的南京绣花巷临时校园和南京陶谷正式校园；前后有两个校长——德本康校长（Mrs Thurston）和吴贻芳校长。抗战时期，该校更是直接发挥了服务社会的作用。日寇侵占南京期间，教务长华群女士（Miss Vautrin）以其高尚的人格和责任感，在金陵陶谷校园开办难民营，与金女大舍监程瑞芳女士、总务陈斐然先生（东吴大学毕业刚刚分到金女大工作）一起保护了一万多名妇女儿童，使其免遭日寇践踏。流亡四川时，金女大与华西大学、金陵大学、齐鲁大学、燕京大学五所教会大学一起进行联合办学。在成都华西坝的八年半时间内，各大学积极推动跨学科选课和跨校际选课，保障了教学质量。1951年，金陵女子大学与金陵大学合并。文科仍留在原校园，理科迁往金陵大学，从此，金陵女子大学的名字进入了历史。

本书共收录了300余张图片，记录了大量校友的回忆，生动再现了民国时期金陵女子大学38年的办学历史和金陵女儿的青春风貌。有一些校友的事迹非常感人，但已有诸多专著记录，本书不再赘述。全书共分为七章：

第一章：金女大的起源与校园风貌

第二章：金女大的园丁（介绍吴贻芳、华群及其他教师）

第三章：年级概览与学科

第四章：巾帼精英

第五章：金女大的故事

第六章：金陵女中

第七章：校友会报道

笔者父亲孙明经先生多次拍摄过金女

大的校园生活，留下了大量珍贵的照片和电影（大部分存留于美国耶鲁神学院）。几位重要的金陵女大校友及其后人提供了丰富的珍贵照片，比如何昌琪校友的后代，提供了大量20世纪20年代的珍贵历史记录；笔者母亲吕锦瑗、化学系同学何玉贞、国文系李葆真校友、俞志英校友的后人提供了20世纪30年代校园风貌的照片与学生的记录；何洁玉、张丽锦、黄燕华提供了20世纪40年代的照片；须沁华校友提供了20世纪50年代的照片。在海外校友喻娴才、李似萱的支持下，我们在海外建立图片基金（Ginling Overseas Photo Funding），从海外档案馆购买到金女大的图片。笔者于2013年赴美国康州耶鲁神学院，在档案馆查阅并复制资料，2015年又去加州拷贝了照片，2016年去台湾新北金陵女子高等中学参观，依据上述所有收集到的资料，将金女大的历史成就生动地串联起来了。鉴于笔者年近八旬，精力渐差，挂一漏万，资料、叙事等难免有不足和错误之处，恳请读者谅解。真诚希望通过此书介绍金女大的一些办学经验，讲述一下金陵女儿在大时代的图片故事。特别感谢对外经贸大学赵忠秀副校长为出版落实经费。

孙建秋

2019年8月

第一章

金女大的起源与校园风貌

八位金女大创始人 ·················· 3
金女大的颜色 ······················ 8
金女大校庆 ························ 12
金女大校园的筹建和发展 ············ 15
金女大校园特色 ···················· 22

第二章

金女大的园丁

吴贻芳校长 ························ 35
徐亦蓁与吴贻芳的情谊 ·············· 50
华群校园珍影 ······················ 56
华群教授事略 ······················ 63
我的华群老师——吕锦瑷深情的回忆 ··· 65
华群女士的泰山行 ·················· 72
南京安全区的"活菩萨" ············· 75
与华群告别时刻 ···················· 80
纪念华群——基金与纪念堂 ·········· 82
华群永生 ·························· 85
蔡路德 ···························· 88
陈琏采的风采 ······················ 92

师以法教授的故事 ·················· 95
梅耶夫人回母校 ···················· 101
怀念苏德兰老师 ···················· 102
男教师的贡献 ······················ 105

第三章

年级概览与学科

各年级照片及著名校友 ·············· 109
金女大的家政系 ···················· 129
黄燕华博士 ························ 136
金女大的体育教育和体育活动 ········ 140
金女大与柏林奥运会 ················ 142
凌佩芬、凌佩馨一家人 ·············· 147
金女大的体育与上海联合大学 ········ 155
南京篮球赛，金陵风采 ·············· 160
花腔女高音歌唱家孙家馨
67年艺术生涯音乐会 ················ 161
孙家馨——灵动歌声、艺术人生 ······ 165
陶津：声乐和钢琴双专业 ············ 168
李锦华——金女大永远是我心中的一块宝地 ··· 170
叶惠芳：镌刻在黑白琴键上的人生历程 ······· 173
钢琴教育家方仁慧 ·················· 175
王述、王迪姐妹 ···················· 176

目录

鲍蕙荪——生命的华美乐章……178
金女大合唱团……181
小小合唱团……184

第四章
巾帼精英

喻娴才：教育世家的榜样……189
何昌琪：不平凡的人生……195
寻找章玨——何处来仙子，慧眼顾愚痴……204
为抗战捐躯的鲁美音……210
烽火俪人黄正……215
金桂万里珍——中华科技的弘扬者鲁桂珍……220
李葆真：从丫鬟之女到南洋名媛……223
谢文秋……228
谢衡：素雅的中华外交使者……230
毛彦文：慈爱巾帼……234
胡秀英——中医的弘扬者……239
瑷的色彩——吕锦瑷教授……243
从事妇幼工作的共产党人：俞志英……248
刘恩兰：中国第一位女海洋学家……250
袁爱莲：情系金女大的中坚力量……255
吴佩琪大陆情深……259
彭洪福、皇埔玉珊、刘家琦……261

杨嘉仁和程卓如……264
居瀛棣与居家四姐妹……266
物理学家何怡贞……271
葛佶……274
梅若兰——"人人、处处、时时"……277
孙恩莲与金女大……280
朱月珊和她的弟弟……284
朱琴珊与汤吉禾……287
廖静文与徐悲鸿纪念馆……289
我行我素的邬静怡……291
汤汉志——中美医学交流使者……294
严氏四姐妹捐赠疗养室……296
袁岘禾与郭柿恩
——司徒雷登"惹"的两场"祸"……298
程乃欣——乐观生活……301
知心姐姐姜达雅……302
张肖松谈金女大节日与仪式……305

第五章
金女大的故事

真假吴贻芳……309
著名的来访者"飞剪号"……311
学生会活动……312

宋美龄访问金女大……314
《月里嫦娥》——金女大草地舞剧……315
"麻姑献寿"的典故由来……319
华西坝抗日时期的回忆……321
复员……324

第六章
金陵女中

南京金女中的创建……329
金女中隆重上演多幕大戏《郁雷》……336
台湾金女中……338
台湾校友……342

第七章
校友会报道

金女大90周年校庆南京行……347
欢声笑语南京行……354
南加州金陵校友会报道……360
纽约金陵美加双年会30周年即兴作……363
2015年旧金山金陵美加双年会百年庆典……366
校友情……373

跋……381
参考文献……384
部分图片来源……384
鸣谢……385

第一章

金女大的起源与校园风貌

八位金女大创始人

金陵女子大学（以下简称"金女大"）的创始人是来自江浙一带的 8 位教会中学校长。由于当时大学不接收女生，中学毕业的女子无学可上，女子就读高等学府困难重重，培养女子师资任务又十分迫切，8 名女校长遂萌发创建高等女子学府的念头，以培养女校师资为主要目标，并很快付诸实践。请记住她们的名字，她们是：

玛丽·诺斯（Mary A. Nourse），杭州女子师范
劳拉·怀特（Laura F. White），南京明德女中
艾玛·莱昂斯（Emma A. Lyon），南京汇文女中
凯瑟琳·菲儿普斯（Katherine E. Phelps），武昌圣理达女校
索菲·兰诺（Sophie Lanneau），苏州景澜女中
玛莎·派尔（Martha E. Pyle），苏州景海女校
玛丽·科格达尔（Mary Cogdal），上海中西女中
万妮·李（Venie J. Lee），江阴女子中学

玛丽·诺斯曾著书《四万万人》（*The Four Hundred Million*），介绍当时中国的情况。这本书在 20 世纪 40 年代初加印数次，并译成了法文出版。这位杭州的诺斯女

玛丽·诺斯（Mary A. Nourse），杭州女子师范

劳拉·怀特（Laura F. White），南京明德女中

艾玛·莱昂斯（Emma A. Lyon），南京汇文女中

索菲·兰诺（Sophie Lanneau），苏州景澜女中

士 1915—1919 年期间在金女大教英文。1916 年她推荐学生吴贻芳进金女大做插班生。1915 年金女大曾有 9 人进校，一年后 5 人退学，吴贻芳的进入改变了学生因人数变少而产生的消沉氛围，学风大振。吴贻芳在首届班级二年级时就著书《先驱者》(The Pioneers)，介绍她们的学习、生活、办学等积极态度，对女子教育起了很好的示范作用。

劳拉·怀特是南京明德女中的校长。她极力推荐在明德女中工作的玛提尔达·德本康（Matilda Thurston）女士出任金女大校长。

艾玛·莱昂斯也在南京。

索菲·兰诺在苏州景澜女中担任校长。

玛丽·科格达尔在上海创办中西女中。

万妮·李在江阴办学和传教。

每年 10 月最后一个星期日，或 11 月第一个星期日是金女大校庆，也叫创建人节，以纪念这 8 位有远见卓识的女子。节日的英文是 Founders' Day，其中创始人一词用的是复数。人们有时会写错，误以为是单数 Founder's Day，以为只是纪念首届艰难创校的德本康校长。

抗日战争期间，麦克米伦夫人作为这 8 位创建人的代表，和金女大保持着密切联系。8 位创建人不仅在 20 世纪初叶为创办金女大出力，20 多年后，在 20 世纪 40 年代烽火连天的日子里，她们还委托麦克米伦夫人出面，在美国向各界募捐，支援在大后方的金女大毕业生。日寇疯狂轰炸重庆三年，她们非常担心："金陵女儿你们还好吧？"她们关注金女大培养出来的女子的命运，一直在精神上、物质上予以帮助。这些故事鲜为人知。以下是一封珍贵的、感人至深的感谢信。

金女大（信笺）

南京，中国

金女大美国办事处

纽约 150 大街，纽约州

1939 年 7 月的一个早晨

一封故事形式的感谢信

今天这个夏日的清晨，打开海外来函，收到一封让人感动的金陵女儿故事的信，那里充满了战争空气。这是一封就事

麦克米伦夫人，金女大的创建人之一，也是美国纽约金女大小董会负责人之一

金女大创建人兼第一任校长德本康夫人（Mrs Thurstom）

论事，用平淡口吻写来的信——不过是位金陵校友要求购买化学实验设备用于科研的详细清单。她丈夫现在在金陵大学与政府部门进行合作（培养电影人才），由于她在金女大本科时的功底，她能够在基础实验方面予以协助。那个项目深入到中国后方，给人勇气、鼓舞士气。为数不多的美国访问者能深入到中国内地的几个重要地方，在那里所看到的抗战必胜的精神给访问者留下电击般强烈的印象。

这对夫妻于1937年9月某日在南京空袭中举行了简单的婚礼。在新娘到达之前，空袭警报就已响起，仪式在炸弹声中继续进行，让客人稍感不安。但对于这对年轻人来说，他们内心有股圣洁的力量，看清了报效国家的机会，空袭对他们来说算得了什么？仪式完毕，客人们都留下陪着孩子们玩起游戏来，直到解除警报为止。因为大家不希望给儿童幼小的心灵留下任何阴影，会有损此庄严幸福时刻。

目前，远在中国西部，夫妻俩并肩在化学实验室工作着，设法生产出中国急需的产品，因其进口价格高到让人无法承受的地步。此研究项目符合政府的目标，让中国在工业生产方面早日自力更生。妻子给金女大美国办公室写信报告了初步成绩。原话是"不太满意，不过很令人鼓舞"。她的丈夫承诺，他的实验室会留在战时的首都重庆。尽管轰炸常常引起大火，他们的工作照常进行着。妻子来信快乐地说她的第二个孩子（建秋）就要出生了。大女儿（建怡）"胖乎乎的很健康，总是笑，给我们的快乐多于劳累"。

我们与金陵朋友们分享这个故事，因为它提供了一幅中国精神不能被征服的生动画面。金女大教育的价值仍然不断体现在目前在成都的办学中。中国现在所处的频繁轰炸的时刻，摧毁不了人们正常的生活……

如果不是天天被新鲜的事实所证实，也许我们不会相信这是真的。我们感到极大的荣幸，能够参与鼓舞这股建设性的力量，以现金礼物的形式为她们的工作提供必要的物质帮助，来自像你们这样的朋友。

代表金女大创建人的，
T. D. 麦克米伦夫人

金女大的颜色

一、金女大的颜色

金女大生活多彩缤纷，历年来各个年级都有自己的性格和颜色。自1919年第一届毕业到1951年最后一届，33届毕业班级在校四年期间都展示了自己的特点和对级服、级色选择的偏爱。全校开会时色彩斑斓、朝气蓬勃，各班级因鲜明的颜色而可以清晰地分辨。

白色和紫色，是金女大的基本色和校色。白色代表纯净，紫色是南京地标紫金山的颜色。这是金女大整所大学（而不限是一个班级）的颜色。校徽、校垫、校台布、校旗、校庆的胸花均为紫色和白色相间。金陵的校服多是白色或近白色的浅蓝色。

金女大1919级的同学选择校色作为班级的颜色。白色代表女子大学，表示纯洁；紫色原本是代表中国古老本土宗教道教的颜色，面对南京紫金山清晨的紫色云雾，寓意更加得到凸显。这正是符合当年美国传教士来六朝古都南京办学的宗旨之一，即希望发扬中国本土的特色。

橙黄色和金色是金女大1928级的选择，她们的班主任老师克馥兰来自美国，该班级沿用了老师母校的校色。这一届学生中教师和校长多，平均年龄比较大，喜欢橙黄色和金色，代表太阳和朝霞。

绿色和白色是金女大1933级的选择。绿色代表生命，白色代表纯洁。这一级走出了世界级的生物学家胡秀英、科学家鲁桂珍。

红色和白色是金女大1936级的选择。红色代表火热的激情，白色代表纯洁。她们的座右铭是"诚"。

粉色是1939级高中的选择。南京被日寇占领时期，华群希望同学们在动荡不安的大环境里能够出淤泥而不染，把粉色的荷花作为班花。

天蓝色是金女大1946级的选择。抗日战争胜利后，毕业于四川华西坝的同学们以天蓝色的阴丹士林布旗袍作为班级颜色，外面套上深蓝色的上衣，搭配肉色长袜和白鞋。胸前佩戴红色花朵，用丝线绣出校徽别在胸前。

很多人问过我一个问题："什么颜色最能代表金陵人呢？"

1946级成都毕业生佩戴订制的校徽和红色的级花，左起成嘉祜、黄吟诗、丁泽馨

金女大校服,白旗袍,1936级毕业生摄于1935年20周年校庆

我说:"金陵人有年轻的热情,所以是红色的;

有温暖的气息,所以是橙色的;

有爽朗的笑容,所以是黄色的;

有平和的性格,所以是绿色的;

有开阔的胸襟,所以是蓝色的;

有深沉的灵魂,所以是青色的;

有优雅的姿态,所以是紫色的!"

你说:"哇!那金陵人岂不是七色彩虹的最佳代言人吗?"

我说:"更准确地说,真正的金陵人是白色的,百色聚合归于白,因为有着一颗纯净无瑕,包容七彩的白色心灵呀!"

(注:这篇美丽清新的短文反映了女子对色彩的认知和理解,也正是源于金女

台湾金女中白旗袍照

大对颜色的理解和金陵精神的继承。)

二、台湾地区的金女中

台湾金女中,是由南京金女大毕业生于1956年在台湾新北市创建的。她们对于颜色的概念继承了金女大的传统。

台湾女中的校色是白色。姑娘们高中毕业行成人礼时,穿上白色旗袍、白鞋,很美丽、端庄。她们的校服也是白色旗袍。

金女大校庆

金女大校庆日的确定源于一段历史。1912年冬天，8位女传教士在上海开会，做出在长江下游创办金女大的决定。为纪念她们的贡献，每年10月底或11月初的周末便成了校庆日，也叫创建人纪念日。校庆是金女大校园文化的缩影，一般为期两天。周六先逛校园，重温学生生活，探望师长。当天下午、晚上为招待部分，提供茶点或宴会，席间以聊天、汇报为主。然后师生表演戏剧，配上合唱和舞蹈，演出反映校园和校史的故事、专题或某位老师的故事，等等。周日则有著名学者的报告、演说，以提升情操，了解时势，找到传承金陵精神的行动新起点。返校日一般定在校庆日，但是同学、老师常常等不到初冬时节，便会在春天五月节户外体育活动期间返校聚会。届时歌声四起，"雀鸟归巢"。全国各地的校友也会因不能亲临而遥遥为母校祝寿。

1928 年校庆颂词

阳月吉日	龙集戊辰①	群英诸彦	云集咸临
以庆纪念	且贺莅新	吾校之设	十有四春
龙门受业	光被无垠	嘉惠自美	畴始经营
夫人德姓	本康为名	乘风破浪	来诲东邻
至诚敦厚	善教以仁	言为轨范	行为真醇
识时审势	主宜华人	选贤以让	事属殊伦
吴君贻芳	博学能文	卒业首选	众望所尊
游学欧美	科学渊深	来治母校	克广陶甄
述闻献颂	以申忭忱②	永祝吾校	昭式来今

学生高贻枌③恭祝

① 戊辰，阳月，1928 年 9 月。
② 以申忭忱，借以表达真诚的欢愉之情。
③ 高贻枌，金女大学生，清翰林高潜之女，擅长诗赋，研究中国历代妇女文学，搜集历代妇女著作。先后在燕京大学、清华大学图书馆工作。在清华期间，她曾将自己收藏的中国历代妇女著作捐赠给社会学家潘光旦。此贺词表达了对金女大创业期的老校长德本康夫人的赞颂，对学识渊博的新校长吴贻芳的敬佩。

1943 年校庆祝词

猗与母校，其德无俦，作育英才，二十八秋，功在邦家，卓著勋状，悠悠百功，无替无休。

一九四一级敬贺

母校诞降，廿有八龄。创基白下①，海内声胜，抗战车起，播远蓉扰，学会敷建，弦歌不停，极携秀士，济济盈盈，猥以甄杰，幸被陶蒸，滥于座下，业业兢兢，面怀教训，才敢后人，密勿从事，为校争荣，芘个华筵，聊抒微忱，敬祝母校，与世长存！②

一九四三级沈菁莹、林月蓉拜祝

① 白下，南京的别称，"创基白下"指金陵女大在南京奠基。
② 此"四言诗"是用比较浅显的文言写的。大意是说：母校创立以来，声名远播。抗战期间远迁成都（"播远蓉扰"），教育事业并无中断（"弦歌不停"用孔子的典故，"弦歌"即礼乐也），所以培养了很多人才。我们（即作者）很幸运，也在这里受到熏陶，虽说是滥竽充数（"滥于座下"，作者的自谦），但也努力刻苦，不敢怠慢，希望能为母校争光。现在正值母校校庆的时节，于是抒发对母校的感激，祝母校与世长存。四言体是贺词常用的体式，显得庄重典雅。

1947年校庆祝词

恭祝金陵女子文理学院校庆纪念

贻芳校长　勇猛精进　教育独立　女界昌明　齐家治国　仁爱和平

程瑞芳敬题

三十而立，今又过二，成绩卓然，名震遐迩，春风化雨，泽被万千，掏诚进颂，意兆斯年。

一九四五级毕业生敬祝

春风卅二度，学子遍中华，化雨年年沛，口碑处处嘉，良材出巧匠，美玉琢无瑕，牧泽欣贴近，心香颂更加。

一九四七级毕业生敬祝

金女大校园的筹建和发展

今南京城内,有个小仓山,山从清凉山起源,分成两个山岭向下延伸,到北门桥才消失。金陵女子大学的永久校区"随园校区"就坐落其间,此处不但风景优美,享有"东方最美丽校园"的盛誉,其女子教育的传统也源远流长。

金陵女子大学是一所教会大学。1907年中国传教士百年会议敦促教会本部,在中国合作创办女子大学和师范学校。根据这次会议精神,美国浸礼会、监理会、美以美会(监理会和美以美会后来合并成为卫理公会)、长老会、基督会等教会所办的女子中学的几位校长,于1911年至1912年间,在上海举行了特别会议,商讨在长江流域创办一所女子大学。当时"中华民国"已选定南京作为首都,而在首都办学最适合学校的发展,所以1913年她们决定将新大学设在南京,并且暂时取名为"扬子江流域妇女联合大学"。同年11月13日,校董会公推北长老会代表劳伦斯·德本康夫人为校长。1914年,因南京古称"金陵",所以将新大学定名为"金陵女子大学"。1915年德本康夫人先在南京绣花巷租原李鸿章的大宅院作为临时校址。这处住宅有一百多个房间,宅院内还有很大一片花园菜地。1915年9月17日,经过近两年的筹备,金陵女子大学正式开学了。

租用宅院作为校舍,非长远之计,而且随着招生规模的

绣花巷的金女大厨房，租用李鸿章旧宅院作为校舍。那是南京条件较落后，有歌谣唱道：电话不灵，电灯不明，马路不平。没有煤气、自来水、电灯、电话，厨娘每天送水、送煤油灯、马桶

不断扩大，建立永久校园的设想在开学之初就被提上日程。从1916年开始，金女大就聘请美国著名建筑师墨菲（Henry K. Murphy）进行校园规划和校舍设计，由上海阿记营造厂承建。1919年夏，德本康夫人赴美国募集建立永久校址的资金。土地购买由金陵神学院院长司徒雷登协助，因为他能说流利的中文。1921年，金女大在南京宁海路南端陶谷购地160亩开始兴建校舍。

1922年金女大开工建设，在宁海路建成教职工住宅"北院"（今车队所在处，原房已拆毁）一、二、三号。到1923年，宁海路陶谷校园已有七座主建筑落成：100号楼（为避免混淆，均使用现名）为学校主楼，楼下是会议室、会客室，楼上

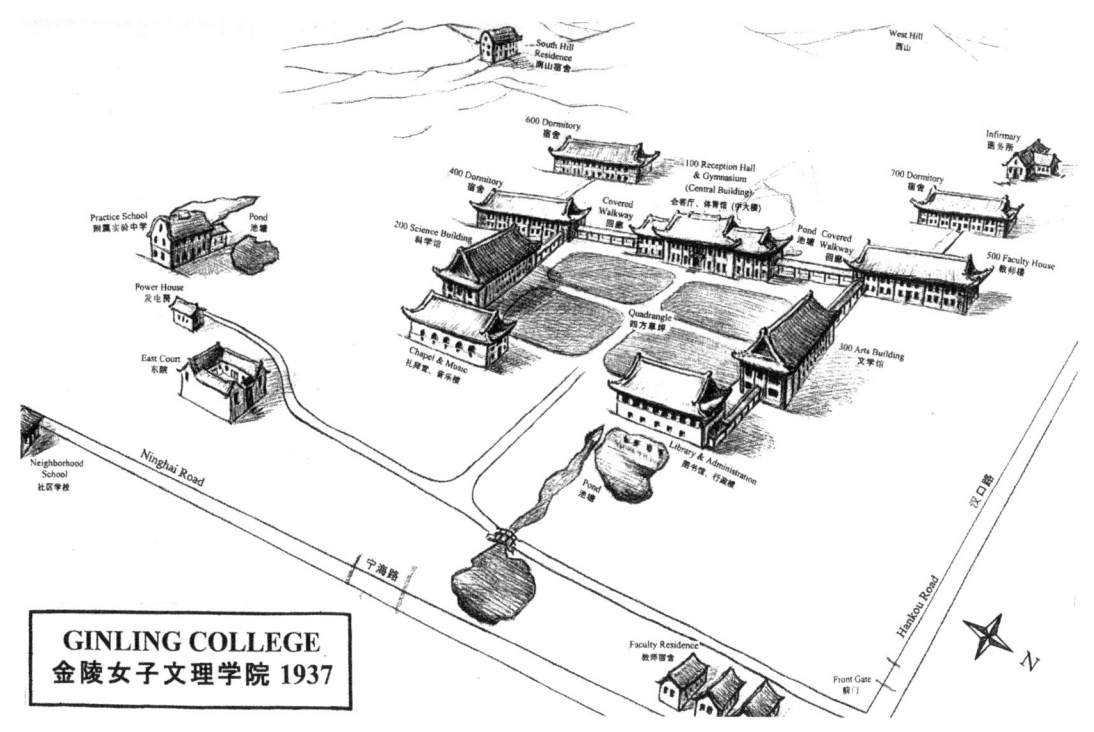

金女大 1937 年校园草图

是健身房，由美国施密斯女子大学捐款 5 万美元建造。200 号楼在 100 号楼的东南侧，是金女大的自然科学馆，内设生物、化学、物理等专业的教室和实验室。300 号楼位于 100 号楼的东北侧，是金女大的文学馆，有教室 16 间，其余为事务组和各系办公室。这三座楼中间为一大片草坪。400 号楼、600 号楼、700 号楼均为学生宿舍。500 号楼为教师楼。这七座建筑的外观均采用中国宫殿式样，1923 年 7 月，金女大从绣花巷迁入陶谷新校址。

1912 年为体育简易科（为培养一年制小学体育教师）建四合院式平房一院即东院宿舍。1930 年在宁海路旁（今培德里）建教职员住宅两幢。1934 年，校园内又有两座中国宫殿式建筑落成，一座为图书馆兼行政办公室，另一座为音乐楼和礼堂。1936年春建成附中宿舍一座。同年，宋霭龄、宋庆龄、宋美龄三姐妹捐赠附中宿舍；校友严彩韵四姐妹捐建疗养院一所。1937年，校内南山女教职员宿舍甲楼和乙楼落成，金女大老师有了自己的家。

学生宿舍四人一个房间，走廊为水泥地，房间内铺地板。学校鼓励不同系、不同年级的学生同住一室，同一桌用餐，这种设计有利于学生间的交流和了解，可增强凝聚力。每栋宿舍楼至少有一位生活指导员与学生同住。从饭厅走廊出去有一座小平房，是学生洗澡和洗衣服的地方。

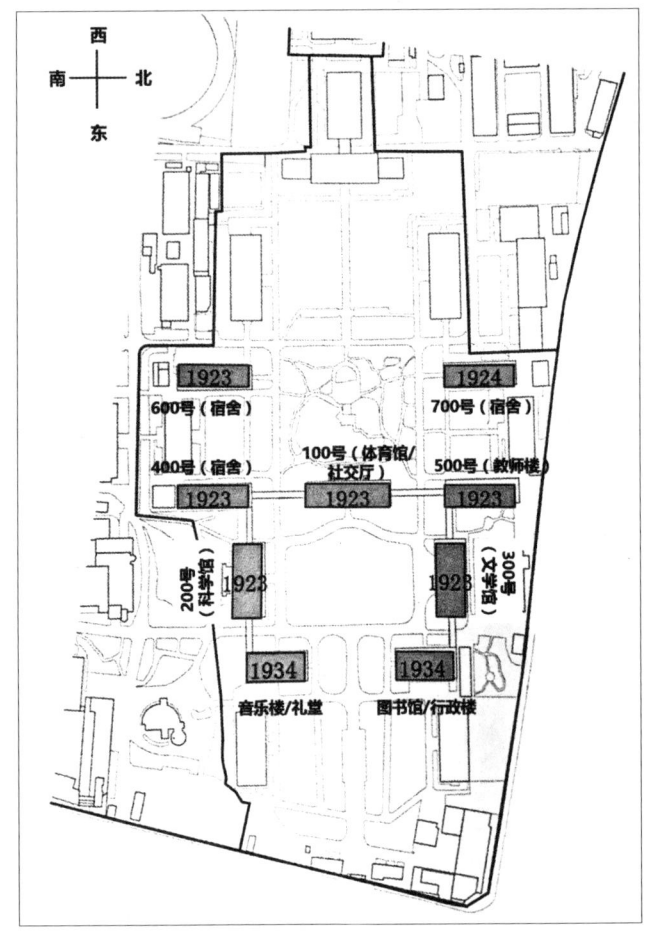

金女大第一时期校园平面图

建设中的金女大主楼 100 号楼。虽为中式建筑，采用的却是钢筋水泥

100 号楼的建设惊动了社会各界名流，图为 1922 年梅兰芳（右四）参观建设中的 100 号楼

华群女士设计的玫瑰园

1923年校园建成，高年级同学带领新同学参观校园。前排右一为刘颖保，后排左一为黄丽明

教务主任华群女士（左）和社会系主任涂德里（Treudley，右）在新建成的校园中。涂德里观察敏锐，善用批判性思维方式。关于金女大教育的著作颇丰，是研究金女大的重要文献资料

金女大校园特色

一、地势特色

金陵女子大学校园选择的地点在清凉山东麓，山势西高东低，整个校园坐西朝东、依势而建。背靠"大西山""小西山"，南抵"南山"，一直绵延伸展至现在"力学小学"东侧的坡地；南、西、北三面环山，校园的主体部分坐落在中间一片开阔的地上，朝东也是一片开阔地；山上古树参天，园内小溪流过，低洼处自然形成几个池塘，犹如几片明镜点缀于园林之间。东面门前的马路，是建校初校园与外界交通的唯一道路；从教学区到大门，有100多米的距离，其间种植树木，保证了教学区不受校外交通噪音的干扰。

二、建筑和营造特色

一是对称。墨菲设计的楼群构成一个长方形，以正大门和100号楼大门的连接线和延长线为中轴，各建筑南北两两对称。400号、600号楼在学校楼群的南侧，饭厅和洗澡房也在南侧；500号和700号在学校楼群的北侧，饭厅和洗澡房也是北侧。楼群看上去都是对称的、相连的，边防（洗澡室）在两侧，保持着楼群正面的美观。

二是中国传统形式、西式造法——所有楼房为宫殿式却是现代造法。所有单体建筑都采用了宫殿式的大屋顶，覆以

金女大 100 号楼门口，摄于 1923 年

金女大 100 号社交厅，为保护女学生交友隐私而设计了漂亮而温馨的隔断

阳光下 100 号楼前的大草坪

青瓦；外墙色彩也主要是中国人最喜欢的颜色，墙体是黄色，凸出的圆形立柱漆成朱红色；各楼均两层，楼与楼之间以长廊相连，这也是极富中国民族特色的。整座建筑色彩对比鲜明、生动活泼，但又十分庄重、典雅。至少从形式上看，作为大学的建筑是极其恰当、成功的。

在建筑过程中，采用了现代西式造法（除 1933 年建造的图书馆和音乐系楼以外），所有宫殿式楼房的大屋顶都系木质结构，大梁均为整木用钢条连接加固，飞檐也是木料托起的，屋顶覆以圆青瓦，四角屋脊顶端有用钢筋水泥雕塑的龙头及动物头像，斗拱、飞檐下均有油漆绘制的彩色图案。黄墙红柱，加青瓦、五彩缤纷的飞檐构成十分美丽的图画。这些楼窗子都

金女大礼堂内景

是木制的,地面均用钢筋水泥,光洁但不滑。后盖的音乐楼与图书馆完全是钢筋水泥结构,大屋顶也是,所有窗子为钢窗,当时师生称之为"不怕火烧的楼"。但地板铺以方块软橡木,人在上面走动没有声音,这是为音乐楼和图书馆需要安静的特殊需求设计的。

所有这些房屋一层楼下部的墙都约有1米厚,整个楼承如同建在磐石上,非常牢固,加上大屋顶的作用,冬暖夏凉。大屋顶间或用作储藏室,日军侵占南京时,大屋顶里藏了很多难民。

图书馆藏书约10万册,中西文参半;大礼堂一楼有若干间教室和音乐系办公室,还有音乐厅和12间琴房,"伪二楼"有14间琴房和5间小的学习室,二楼是

金女大100号楼一层一侧的小会议室，后来作为茶室，每天下午四时，老师和同学都可以来此用些点心并交流心得

可供四五百人做礼拜、听音乐的小礼堂，并有舞台和更衣室可用于演出。

三、绿化

三面环绕金女大校园的南山、西山等植物资源十分丰富，到处郁郁葱葱。原来的南山绿树成林，在林中几乎看不到太阳，无数留鸟、候鸟栖息在树上；山坡完全为野花野草所覆盖，有白色石蒜、紫色的紫罗兰、蓝色的野菊花、红色的野葡萄，还有遍地蔓延的"五联草"，草丛中有蛇、黄鼠狼、蟾蜍……形成一幅美丽而清新的自然画卷。

1923年金女大由绣花巷迁到宁海路后，即由生物系第一主任黎富士（Dr. Reeves）按生物系植物学课程学习要求，在全校山坡、平地种植了上百种不同的树苗，有玉兰花、桂花、银杏树，此外还有石竹林、柿林、桃林等，四季常青、花开不谢。抗战期间日军建防空洞被砍掉不少，1946年金女大由成都迁回南京时还有不少树木。学校有意将校园绿化为生物系的实践课堂，南京植物园每年都来学校采集树种。学校有两个花园，一个供全校布置会场、美化环境用，另一个小花园允许学生去采摘鲜花。现在校园内尚存当年金女大校友栽下的一些树木，如100号楼两侧的大银杏树、小礼堂旁的枫杨树等。

四、整体风格

金女大校园的整体风格充分体现了中西结合的思想：在布局上，总体上是对称式布局，也成功地运用了中国庭院建筑布局的一些典型手法。如巧妙地运用了回廊，即把相关的单体建筑连成有机的一体，同时又起了"隔"的作用；回廊高度有限，"透"性很强，所以在"连"的时候，形成错落有致的整体效果，又隔而不断，更显含蓄、深远。又如图书馆与小礼堂的位置选择，合而为拢，介乎张弛之间。进校门之后，既不使人对校园一览无余，又

不至于障人眼目。另外在树木的经营布局方面，充分考虑到了"连""隔"的功效。通过种种巧妙的手法，使得整个校园对称而不呆板，气势宏伟、庄严，连接与过渡自然、流畅，意境深远、含蓄。在单体建筑上，也是中式外观，西式功能并运用西方最新的建筑材料和方法。在环境绿化方面，方方正正的草坪是西方特有的，但运用于整体布局呈对称的校园中，恰好体现出"空"的巧妙。芙蓉花、丁香、蔷薇，正如"四月丁香处处开"一诗的描述。100号楼后面的池塘又称"金陵镜"，映照了古典建筑飞檐的角，甚是优雅，同学喜欢三三两两在池边散步聊天。因此，金女大校园的整体布局、单体建筑，绿化等各方面得到了很好的协调，难怪被誉为"东方最美丽的校园"。

五、金陵女子大学校园的设计思想

1. 古为今用

中国早期大学在建筑形式的选择方面有一个十分有趣的现象，即同样是请外国设计师设计，中国人建的大学几乎无一例外地采用了西方式建筑，而外国人办的大学却采用中国式建筑。这种在建筑形

音乐楼兼大礼堂

金女大图书馆

金女大新图书馆,1934 年落成

式选择上的差异，实际上"表现了对待西方新式教育根本目的的不同认识"。对于这一点，董黎先生在《中国教会大学建筑的社会意义》一文中，已作了深刻的分析。对于金女大来说，受教育者是几千年来受压迫最深的妇女，在建筑式样的选择上更需要社会的认同。而主持金女大校园规划和校舍设计的墨菲先生，作为在美国颇具影响的西方建筑设计师，从1914年开始就考察、研究中国建筑，凭着他在建筑艺术方面的造诣和对中国传统古典建筑的感悟以及特定的校园建筑功能的理解，在金女大的校园规划和校舍设计中，巧妙地结合了中国传统建筑风格和现代西式空间布局。

2. 洋为中用

一是布局方面采用了西方较常用的对称式，这也符合校园布局整齐、大方的要求。

二是采用了西方建筑的新材料、新结构。中国古典式建筑一直是砖、瓦、木结构，这样在构建大跨度建筑时，对木料的要求就非常高，成本也很高；而且这些材料的寿命和强度有限，将来的维修费用也是不小的开支。所以，金女大建筑的墙体、屋顶基本上都是使用钢筋混凝土等新材料。从功能角度考虑，房屋里面不可能只是一间大通间，而是要满足上课、实验、办公、健身、起居、阅览等需要，又要具有隔开、采光好、有方便的进出通道的不同功能的房间，所以中式大屋顶、朱红立柱中的内部结构是西式的。

3. 生态实用

一是学生宿舍设计成东西朝向，考虑各个宿舍都能享受到阳光，学生晒被子也不用出门或下楼。二是大屋顶的运用，有利于调节室温。三是植被、绿化方面，花、草、木结合，植物形状、叶面色彩搭配，使校园内四季常青、鸟语花香、生机盎然。

但是，金女大的校舍设计也有不足之处。主要是大屋顶对建筑内部结构的限制，不能最大限度利用空间，使建筑物的使用面积比较小，成本也高；大屋顶的屋檐也影响建筑物内房间的采光，雕栏画壁维修费也很高。当然这些不足不过是白玉微瑕，并不影响金女大校园给人以美的享受。

GINLING COLLEGE, NANKING　　　　　　　　　　　　　　　　　金陵女子大學

美丽的校园突出表达了一种对理想的追求和对美的真谛的寻找，美丽和理想造就并滋养了金陵女子大学。从这张金女大同学们喜爱并收藏的染色校园明信片中可见色彩鲜艳的校园建筑及 100 号楼后边的池塘——金陵镜。右上方是一条通向南山的蜿蜒土路

第二章 金女大的园丁

吴贻芳挖掘师资的秘密："我们是一个私立学校，经费有限，但是我们的学生非常优秀，你们教起来也会非常愉快，得心应手，会取得令人欣慰的成绩。"这让年轻教师跃跃欲试。她用了很少的钱，聘到了非常优秀的教师，特别是男教师们的到来带进来一股清风，他们思维开阔、知识面广，后来不少青年教师考取庚子赔款留学名额，成为国家有用的人才。但是男教师师资队伍不够稳定，而女教师队伍始终很稳定。校长还聘了一些著名教授来上课和做讲座，但多是兼职。

金女大的园丁

第一排：左起张彬仪（音乐）、孙瑾、吴懋仪（化学）、陈玉珍（附中校长/教育）、鲁淑英（数理）、吴仪芳（校长）、谢文秋（体育）、刘恩兰（地理）、陈英梅（体育）、崔亚兰（体育）、顾天琢师母（音乐）

第二排：王明真、克馥兰（外文）、班得瑞（Bond，音乐）、Abigail Hoffsommer、惠特曼（Whitmer）、陈瑞芳师母（总务舍监）、黄丽明（体育）、x、朱慧珍（体育）、德本康夫人（Mrs. Lawrence Thurston）

第三排：左三起陈品芝（生物/细菌学）、华群（Minnie Vautrin，教育学、附中校长）、Helen Loomis（化学）、Eva Spicer（历史）、苏德兰（Sutherland，音乐）、穆斯曼（Mossman，社会）、卡尔（Carl，英语）、徐国琪（教务长/中文）

第四排：左二起温步颐（化学）、闵侠卿（中文）、x、李国鼎（数学物理）、丘玉池（化学）、沈寿宇、徐国懋（政法）、缪镇藩（中文）、林先生、吴光清

吴贻芳校长

一、吴贻芳的留学岁月

1928年,在密歇根大学大礼堂举行的毕业典礼上,勒托校长(President Little)对全体毕业生讲话:

我很荣幸向大家宣布一个教育历史上独一无二的消息。今天密歇根大学将授予吴贻芳女士生物学博士学位,因她在生物学昆虫研究 simultum-diptera 上做出了贡献。也在今天,吴贻芳的母校,中国南京金陵女子大学,正赋予她更高的荣耀,让她成为金陵女大的第一位中国校长,也是所有大学中第一位中国女性校长。吴贻芳女士是九年前金陵女大第一届毕业生。在安·阿伯市密歇根大学的六年里,她让周围的人感到亲近,她在他们心中激起了充分的信心,即,她能够以优雅的姿态去服务于她伟大祖国的高等教育事业,而且始终怀着这种饱满的热情和充分的信心。密歇根大学对曾为吴贻芳女士新任命的准备过程出过一份力而感到骄傲。

——选自朗诵剧《吴贻芳》六节

南加州大学第62届毕业典礼于1945年6月按期举行,地点在旧金山世博会公园的露天剧场内。这是二战中欧洲胜利日(V-E Day)后的第六周,毕业典礼格外隆重,因为校

吴贻芳被授予名誉法学博士学位

方还有重要仪式，要为出席在旧金山召开的世界和平与安全会议（UNCIO）做出贡献的 17 位各国知名人士授予名誉法学博士学位：LLD（第一个 L 代表 Canon Law，即教会法规，第二个 L 代表民法），这是很高规格的荣誉。吴贻芳上台受奖并作简短讲话。她举止高雅，声音铿锵有力。校刊对她的介绍如下："吴贻芳博士是中国最杰出的女教育家，金陵女大的校长，自 1933 年起任中华全国基督教的负责人。"

JAEN GUARDIA LEE BERAR SINGH BIRDI FERGUSON CHEW BIBAT CLACER GREGORIO VERMAN
HANAWALT REN CLARK GOS ZACK GREIG BRINKMAN VISSER KAHN MILLER COPE SMITH ARLICK SUAIEZ
RADIN HUSAIN-KHAN MCCLURE KAUFFMANN PRINSLOO HOWRANI DOBSON MALIK KEEBAUGH HILDNER WELLS DOLENGA SCOTT SUYAT
GLENCER KOKEN WONG PRINSLOO WU DRESCHER TONG WORDELMAN GUSTIN RAVEN MIHALYI HIDALGO

THE COSMOPOLITAN CLUB

国际俱乐部干事合影，吴贻芳（前排左五）利用留学机会充分与世界各地学生交流，拓展国际视野

1917年，密歇根大学设立了巴布学者奖（Barbour Scholar），旨在吸收聪颖、有才干、有领袖气质的亚洲女性来此深造。入学者需有相关人士推荐。金女大先后有多位学生和教师获此殊荣，1922年吴贻芳获得此奖项。这张巴布学者合影中就有三位金女大毕业生。后排右二张肖松是金女大1926级学生，心理学家；前排右一何怡贞是金女大1930年学生，物理学家；前排左四陈品芝是金女大1928级学生，生物学家、细菌专家。2017年密歇根大学庆祝巴布学者奖设立100周年之际展出了这些优秀学者的照片

二、吴贻芳就职典礼

1928年11月3日，位于南京西北部的金陵女子大学张灯结彩，校园中心100号的小礼堂嘉宾云集。来宾主要是来自上海、南京等地的大学校长等。两位在主席台上就座的女士引人注目：一位是金女大创建者、首任校长德本康夫人（Lawrence Thurston）；另一位是35岁的吴贻芳——她发髻如墨、娴静儒雅，身穿纯色棉布旗袍，戴一副圆框眼镜，刚从美国荣获生物学博士学位归来。

"欢迎诸位参加金陵女子大学新校长就职典礼！"金女大董事会主席徐亦蓁（蓁）女士主持会议。她起身首先对前任校长德本康夫人创建金女大的功绩表示感谢，宣布德本康夫人改任教师并兼学校顾问，并代表全体校董欢迎吴贻芳就任新校长。随后，德本康夫人讲话，将办公室印章交给徐亦蓁。徐亦蓁随即介绍了吴贻芳的简历，将印章交给了吴贻芳。接着，孟寿椿代表国民政府教育部长蒋梦麟致辞，中央大学代表俞庆棠、中华基督教教育会代表赵运文依次发言，金陵女子大学教职员代表、同学会代表先后发言祝贺。在热烈的掌声中，坐在台下的宋美龄女士讲话，她强调中国妇女承担的教育责任，指出："如果中国妇女要服务于自己的国家，她们必须尽自己最大努力去承担这一责任。"

最后，吴贻芳起身致意。她说："感谢各位贵宾的到来！感谢全体校董和教职员的信任！我刚刚完成学业，迄今还没有管理学校的训练和经验。本来对担任金女大校长一职感到十分为难，但承蒙校董会青睐，召唤我为母校的未来出力，我不得不心怀忐忑，匆忙归国担此重任。现在，我唯有向诸位保证：保证为发展金女大和中国的教育事业竭尽全力！"

1928年校庆日，遇上校长更迭，收到的贺词甚多，其中以学生高贻纷的贺词最为精彩。仔细读来，颂词中不忘德本康夫人远渡重洋来华建校的功绩，颂扬校长

学生赠送给德本康夫人的校旗，金女大1928级的校旗。紫色缎子大的一端缝着英语GINLING COLLEGE环形字体，包围着中间的用小篆体缝制的"厚生"二字，小的一端用拙朴的金文字体缝着"金陵女子大学"字样。德本康夫人十分珍爱这面饱含中国国学文化的校旗

德本康夫人与吴贻芳

德本康夫人审时度势让贤的慷慨之举。（参见第13页《1928年校庆颂词》）

就职典礼的前一天晚上，同学们演出舞剧《花木兰》，表现了巾帼不让须眉的金陵精神。"朔气传金柝，寒光照铁衣。将军百战死，壮士十年归""脱我战时袍，着我旧时裳。当窗理云鬓，对镜贴花黄"。该剧讲述的木兰女扮男装、代父从军的故事尽人皆知，突出了女性的刚毅和阴柔结合的气质，集中体现了中华民族勤劳、善良、机智、勇敢、刚毅和淳朴的优秀品质。

后来，一位金陵女生以英语民谣体把《木兰辞》意译为《木兰谣》，押韵工整，译者将原诗浓缩，以民谣形式不断重复末句，"While on the street the soldiers passeth by"，强调大背景："昨夜见军帖，可汗大点兵，军书十二卷，卷卷有爷名。阿爷无大儿，木兰无长兄，愿为市鞍马，从此替爷征。"营造木兰从军的紧张军事气氛，并做了适当演绎和发挥，也从侧面强调了金陵女儿巾帼不让须眉之志。木兰要出征了，吴贻芳要上任了。

这个节目在吴贻芳1928年就职典礼前夜上演，表现了金陵女儿对女校长吴贻芳的期盼和支持、信心与颂扬。以木兰之志比喻吴校长之果敢、勇于担当、肩挑重任、矢志不渝的品质。几位金陵女儿穿上木兰装，表演英姿飒爽的射箭舞造势，迎接吴贻芳就职日。

抗战时期，金女大版的《花木兰》在成都连续上演三日，为军属筹资募捐，让抗日战士安心。

金陵女儿花木兰装束表演射箭舞

BALLAD OF MOO LAN（木兰谣）

Tsu Feng-yun 屈风云（音）

Alone was Moo Lang at her reel,
Alone she sat to spin her wheel.
She heard the drum, and saw the banners fly
And on the street the soldiers passing by.

No merry songs the air did fill,
Moo Lang sat sad, alone, and still,
But gazing at the winter's cloudy sky
While on the street the soldiers passeth by.

"My father's age! Still must he bear
The heavy lance, the bloody spear?
"Alas! Alas!" She uttered with a sigh,
While on the street the soldiers passeth by.

"Since to my father was borne no son,
A daughter's duty must be done!"
A sudden flash of hope gleamed in the eye
While on the street the soldiers passeth by.

Away she threw her silken gown,
A gallant steed she bought from town,
Then joined the warriors in their martial cry
While on the street the soldiers passeth by.

选自金陵校刊

开学典礼,同时是吴贻芳就职典礼,吴贻芳履行校长职务。开学典礼十分隆重,各校派代表前来祝贺

三、吴贻芳赴美签署《联合国宪章》

1945年5月6日,联合国组织在美国旧金山召开集会。那时,联合国还没有正式成立,需要讨论并通过《联合国宪章》。这是一件非常重大的事,一般代表团都需要带上顾问、秘书、助理等一大队人马。吴贻芳校长赴会,下飞机时就是她一个人,所有人都很吃惊。别人好奇,问她原因,校长回答:

吴贻芳在美国 Mutual 电台用英语广播,语言流畅,声音柔美,条理性强,自然亲切,受到工作人员的赞美。吴贻芳还向国内同胞报告喜讯,其中最重要的就是我国作为同盟国,过去一切不平等条约全部取消。华西坝上五大学学生集合收听,大受鼓舞。

"到美国有的是金女大校友,就地找人简单多了。"这充分显示了她的沉着、自信。一到华盛顿,她就打电话给1934级的朱觉芳,后者正在美国芝加哥大学社会服务行政学院做博士论文。

旧金山开会期间,名流云集,人来人往,真是热闹。吴贻芳的同班同学徐亦臻(医学家牛惠生夫人),作为吴贻芳的私人顾问,帮了很多忙。朱觉芳丈夫名叫马祖望,她被唤作马太太。校长介绍自己的"左臣右相"牛太太与马太太(牛头马面),博得一片笑声。

会议开始,接连不断开会,各种小组会名目繁多。吴贻芳苦于不能分身参加几个会,只能阅读报告。各种报告、文件雪片般飞来,很快就可堆上一大叠。校长要了解全盘动向，助理们的工作是阅读文件，吸取其中精华，抽机会向校长摘要报告。不久，各种妇女社会团体邀请校长讲话，校长忙上加忙，又把陈琏采调来，由她应付社会活动。

吴贻芳校长处事谨慎，每件事都从各方面去考虑、分析、了解，三思而行，办事平平稳稳，绝不贸然行事，对众人一视同仁，始终是那么礼貌和气。

1945年5月4日，吴贻芳校长作为中国出席代表在旧金山举行首次记者招待会。5月29日，全校师生在校广场收听了吴贻芳校长在旧金山向国内的广播。

其间，吴贻芳为庆祝中国作为战胜国，取消诸多不平等条约等播出的新闻，大为振奋人心。

面对来自各种团体的很多活动，吴贻芳总是事先准备好讲稿，讲稿内容既有针对性，又有知识性。比如华侨团体捐献飞机，她就在机场发表演讲，讲述中国抗日、中国空军面临的危机等。

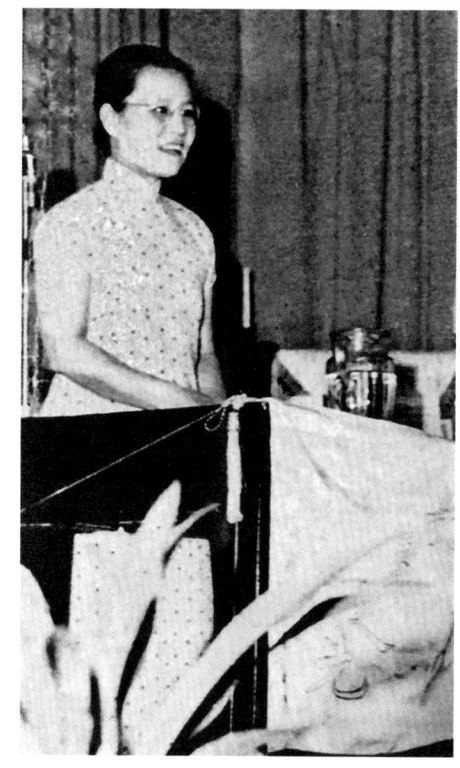

1946年，吴贻芳应华侨妇女组织邀请，为她们讲话，回答问题

庄严一刻——1945 年，吴贻芳在《联合国宪章》上签字

1945年5月5日,旧金山米尔斯机场,吴贻芳在烈日下发表演讲,感谢华侨为祖国捐赠飞机,讲中国的抗日形势和必胜的信心。背景是双发动机的美国B-25轰炸机,抗日战争期间杀伤力较大,左边机身上能看出一支飞箭穿过CHINESE的图案,这就是飞箭号

吴贻芳应社会各界人士邀请进行演讲

1980年11月，吴贻芳来京开会间隙，在北京女青年会与在京校友团聚。她正向吕锦瑗问道："明经姑爷好吗？"

欢迎吴校长

朱瑞珠、孙建秋填词

1=D 2/4

$\underline{5}$ | 11 13 | 5.5 5.5 5 3 | 2 3 2 1 | 6· 5 |
听，钟声铛铛，我们齐聚一堂，欢迎吴校 长。你

1 1 1 3 | 5 5 5 3 | 2 3 4 2 | 5· 5 5 |
为国操劳，四处奔忙，远涉太平 洋。不论

1 1 1 3 | 5 5 5 3 | 2 3 2 1 | 6· 5 |
春夏秋冬，天寒地冻，你 永不停 步。啊！

5 5 5 5 | 5 5 | 5 5 5 5 | 5· |
ring-a-ling-a-ling, 啊！ sing-a-ling-a-ling

5 5 | 5 5 5 3 | 1· ‖
我们 欢迎 吴校 长。

这是1939级金女大四大才女之一的朱瑞珠同学，于1937年吴校长从海外返回金陵校园时创作的歌词。各年级同学集合在100号楼前欢迎校长归来，姐妹们纵情歌唱，充满对校长的爱。可惜随着时光流逝，歌词丢失了一部分。笔者去上海未能找到朱瑞珠家人，后来根据一些老校友的回忆，总算补上了。《欢迎吴校长》仍然采用英文 Oh, Dr. Wu 的曲调

徐亦臻与吴贻芳的情谊

1915年,金陵女子大学在南京成立,第一年招收11名学生,4年后共5人毕业。吴贻芳、徐亦臻都在这5人之中。

徐亦臻的记忆承载了太多太多,她是吴贻芳的闺蜜,是金女大的恩人、功臣。她珍惜生命,更珍惜的是金女大精神。

徐亦臻与吴贻芳的友谊,堪称知识女性之间的典范。她们在金女大同窗四年,有着共同的志趣和生活理念,都没有把高等教育仅仅看成是个人增长知识的机会。无论她们对婚姻是否真正感兴趣,与男生社交和婚姻都不是她们大学生活中的内容。她们都有职业目标,考虑的是职业训练和为社会服务。因此,只要金女大需要,只要吴贻芳需要,徐亦臻总是在最恰当的时候来到吴贻芳身边。

吴贻芳出任校长前,美国曼荷莲学院的 Mary E. Wooley 博士曾跟随反思传教代表团来到中国,吴贻芳与徐亦臻担任了她的翻译和接待者。临走时她问徐亦臻和吴贻芳:"我在美国能为你们做些什么?我很想帮助你们。"徐亦臻当即说道:"请帮助吴贻芳申请巴布奖学金(Barbour Scholarship),金女大需要一位拥有理科学位的校长,中国政府也需要一位中国人当金女大的校长,西方人不适合担当这个重任。"返回美国的路上,Wooley 博士就明确地向美国密歇根大学巴顿校长提出了这个请求。当她再次来到中国时,便亲自把巴布东方学生奖学金授予了吴贻芳。

1928年，金女大董事会改组，徐亦臻被选为董事会主席；吴贻芳当选为金女大校长。金女大有了女校长，这在当时是一个巨大的冲击波。11月3日，中国其他13所教会大学的校长、宋美龄和教育部及其他高校的代表、学者都出席了吴贻芳的就职典礼。主持人正是学校董事会主席徐亦臻。在这次就职典礼上，徐亦臻高贵、儒雅的仪表和规范，优雅的谈吐深深打动了在场的每一个人。德本康夫人做了离职演讲后，徐亦臻熟练地用中英文演讲，她礼貌地对即将卸任的老校长表示感谢。老校长德本康夫人把学校的大印交给她，她接过来又郑重地转交给新任校长吴贻芳博士，同时用标准的普通话，道出了学校董事会对吴贻芳及金女大美好未来的期许。后来的很多年里，1928年在校的学生们仍旧记得徐亦臻那天的风采，她们常说："我们怎样才能成为她那样啊！"

从此徐亦臻和吴校长密切地合作，为金女大的发展而努力。吴校长进行教学上

倪桂金（宋庆龄的姨母）和她的后代（徐亦臻家），摄于1918年

1919级徐亦臻、吴贻芳在花园

的改革，徐亦臻筹集经费，本着"厚生"的精神，培养优良的妇女人才。

1937年，全面抗战爆发，沪宁一带频遭敌机轰炸。徐亦臻的丈夫牛惠生医生不幸病故，徐亦臻抑制个人悲痛，担任国

1919级和1920级学生合影，徐亦臻（后排左二）、吴贻芳（前排右三）、郝映青（后排右二）等在草地上

际红十字会上海分会执行委员、难民营衣服工作组负责人，同时担任志愿护理大队长、抢救负伤市民医院院长、全国学生及孤儿救济会主席。一人身兼数职，整天奔忙在救济中。

1941年太平洋战争爆发前，她到了美国，在史密斯学院毕业典礼上发表演讲，介绍了金女大在抗战中艰苦内迁的经历并代表金女大接受了该校的捐赠基金。1942年，在亚联董的支持下，徐亦臻在美国36所大学做关于中国抗战的巡回演讲。主要是讲金女大及中国很多高校，如何在战争中历尽千辛万苦，把学校搬到西部以避日军。她认为这是一部值得永远颂扬的史诗，抵抗与重建是她演讲的主题。美国大学的教职员工和学生们十分敬佩中国人抵抗日本侵略者的勇气。

巡回演讲期间，她还雇专机出席了华群女士的葬礼。华群女士因为承受不了亲历日军侵华罪行的压力，精神几近崩溃，最终自杀身亡。当时华群的家人和当地民众并不了解她在中国做过什么，甚至为她的自杀感到羞耻。徐亦臻深情地告诉他们，中国人是如何看待华群女士的无私奉献的，中国政府嘉奖过她，她的名字将载入史册，华群女士是一位真正的英雄，一位为祖国、为家乡和家人增光添彩的女英雄。在场的人听后，纷纷抬起了头，原先板着的脸和充满羞耻的表情一扫而光。

1945年，吴贻芳代表中国出席联合国成立大会，徐亦臻在此期间一直是吴贻芳的私人顾问。会议期间，徐亦臻每天都作为吴贻芳的副手坐在她身后。会议后吴贻芳因疲劳过度病倒，徐亦臻日夜陪伴照顾，经过近四个月的休息，使吴贻芳逐渐恢复健康。吴贻芳康复后才回国处理各项事务，这一段休养的机会十分有助于吴贻芳日后的工作。

1946年，徐亦臻出任联合国妇女地位委员会的中国代表，同年10月回国，创立全国大学妇女协会，担任副会长。1948年，她回到母校金女大任职，和学生会骨干们一起讨论安排学生生活。1951年"金女大旅美校友会"在纽约组织成立，徐亦臻出任第一任会长。1960年，她发起并促进台湾金陵女子中学成立，同时发起并促进了台湾金女大校友会的成立。1969年，她在美国组织金女大50周年校庆纪念，任华盛顿感恩活动主席。1969年，金女大校友会在华盛顿举行双年会，她作为金女大德高望重的老校友和前辈学长，代表1919级校友在宴会上发表了热情洋溢的演讲。

1955年，徐亦臻受聘渥太华州西方女子大学，先后任历史系讲师、新生辅导员及训导主任等职。当她65岁退休时，该校为答谢她的特殊贡献，授予她稀有的荣誉——荣誉博士学位（Honorary Degree of Doctor of Humane Letters）。

退休后，73岁的徐亦臻从纽约迁居到佛罗里达州，住在教会老人公寓。在这段日子里，她用大部分时间写信，用她的智慧和经验，有效地解答许多人生问题。她说，心理上的积极性和建设性，能克服

徐亦臻

金女大学生自治会（即学生会）两届交替留影，1948年。吴贻芳校长亲自参加，关心学生工作，吴贻芳鼓励她们起带动作用。

前排右起：黄瑞农、曹婉如、刘翼文、陈美鉴、郭锡恩老师（总务长）、钱安琪、俞人佳、董率真、徐亦臻、郭邓如鸯（家政，辅导员）

后排右起：黄文奥、张敏言、汪爱丽、吴贻芳校长、袁爱莲、徐湘秀、张肖松老师、鲍蕙荪、梅若兰

徐亦臻（后排中）等老校友重返金女大

1979年，87岁的吴贻芳（右）千里迢迢从波士顿赴美国佛罗里达州看望86岁的挚友徐亦臻（左）

生活上的困难。她在用自己的一生，张开博爱的怀抱、超越的思维，引导许多人奋发向上。

徐亦臻是金女大第一届5名毕业生中唯一结婚的，经历了幸福美满的家庭生活。后来丈夫与孩子相继离世，在生命的最后几年，她患上了老年痴呆症，忘记了自己，忘记了一切。

1979年吴贻芳访美，从波士顿赶到佛罗里达州看望自己的好朋友。当时吴贻芳87岁，徐亦臻86岁。面对全然失忆的好朋友，吴校长并不放弃，就深情地一遍一遍为她唱歌，"We are from Ginling, we are from Ginling…"唱了很久，依旧没有唤回昔日的好友，在场的人无不落泪。

1981年徐亦臻在佛罗里达州圣彼得堡市疗养院平静去世。

华群校园珍影

　　明妮·沃群（Minnie Vautrin，1886年9月27日—1941年5月14日）女士，中文名华群，生于美国伊利诺伊州，毕业于美国伊利诺伊大学（University of Illinois）。1912年，华群女士作为一位普通传教士来到中国。她先到了安徽合肥、怀远，见女子不识字，便矢志推动中国女子教育，创办了合肥三育女子中学。7年后，即1919年，她应聘至金陵女子大学，掌管校务、教育学课程教学工作，负责教学实习，兼任教务主任，并任代理校长，同时还积极参与金女大附中的筹建工作。直到1940年，她因病回国。华群女士将自己生命中最宝贵的28年献给了中国人民。她在中国期间，根据自己的英文姓Vautrin，为自己取了个中文名"华群"，"华"是中华的华，"群"是群众的群。人如其名，这个名字正是她本人内心理念的写照。

华群（Minnie Vautrin）女士

1933年6月,华群(前排右二)和吴贻芳校长(前排左四)坐在草地上

华群（后右四）与金女大 1928 级合影

1923 年，拍完毕业照后部分教师和同学留影（局部），三排左三为华群

金陵师生在南山公寓前,摄于1937年。这是一张极珍贵的照片,来自1937级何玉贞的私人相册。1937年毕业前夕,同学们与老师华群(立者左二),音乐老师葛星丽(左一),化学老师吴懋仪(立者右一)合影。何玉贞(前排右二)、杜端淑(前排右一)。华群身着白格子连衣裙,是定做的。12月南京沦陷,校园成了难民营,华群的裁缝去世了,衣服磨损后却买不到新衣服,她面对着这条裙子自嘲:"成了一匹马拉的雪橇了。"

早期金女大教师合影,后排右一为华群

1924年,华群与毕业生们,左起魏修征、何昌琪、华群、孙芝淑

迁入新校区后教师合影，后排左一为华群

毕业典礼上的教师队伍，右四为华群

华群教授事略

吴贻芳

华群教授（1886—1941）离开本校已六年半了，她的去世，也已五年半了，然而我们还觉得像昨天的事情，这是因为她那伟大的人格，永远留在人们心里的关系。

华教授于1886年生于美国伊利诺伊州，龆龄就学，聪颖过人。卒业于该州大学，得文学士学位，后进芝加哥及哥伦比亚大学研究院，得硕士学位。至欧洲考察时，对丹麦的民众教训，极感兴趣。闻我国教育不发达，遂决计来华服务，亲友虽多方劝阻，终不为动摇。1912年，华教授初到我国，任安徽合肥三育女中校长，很有成绩。1919年的秋天华群教授来本校任教育系主任兼教务主任，精心擘画，建树很多。

对教学方面，倘遇到困难，华教授都会废寝忘食地想法解决，她视学生的成败是自己的事，所以对学生，既同慈母，又不啻严父。她主张大学毕业生要在中小学服务的，必须学习教育原理、教学法、心理学和实习教学等科目，因此，设立附属实验中学，躬亲指导，成绩卓著。

华群教授体格魁梧，容貌庄严，然对人时露笑容，以此高贵而和蔼可亲。至待贫儿寡妇，更是谦卑柔和，所以不仅本校师生乐于亲近，就是附近邻居，也都喜欢和华教授往还。更有一点，她酷爱自然，常在课余植树种菊，对菊花的爱好，不亚于五柳先生。每至深秋，辄陈菊数百盆，公开展览，与爱好之人，共同欣赏。

"助人为快乐之本"，这句话在华教授似乎认识特别清楚，她担负教务、课务、附中等责任，可以说一天忙到晚；但偶尔有一时或一刻的空闲，便立即利用它为附近邻居服务，设有乐群社——又称社会中心馆，懿范家政学校等，使附近贫困妇孺沾到相当的实惠，所以附近的人，没有一个不认识华群教授，也没有一个不说华教授好的。

1937年的冬天，敌人一天天地进逼南京，政府为避凶锋起见，决定迁到重庆；同时令本校也迁到后方安全区域办理。时情势非常严重，大家都怀西迁之意；独华教授毅然愿为本校留守，此种"见义勇为，见危受命"的精神，殊足令人感佩。

在敌军进城时，不及和不能西迁的妇孺，惶惶不可终日，华教授为拯救起见，立将本校改为战时收容所，专门收容妇孺。日军纪律很坏，加以敌将要在南京实行其大屠杀，所以罪恶行为，罄竹难书。见华教授收容我妇孺，保护我妇孺，心中非常衔恨，曾批华教授的颧颊以泄愤；然万余妇孺竟靠了她不顾生命的护持，终得到了安全，所以一般人都喊她是"活菩萨"。

后来南京的秩序渐渐好转，收容所的妇孺也可以回家了，然而有许多人已无家可归了，华教授遂又设职业班，授以生活技能，使能自谋生活；更设补习班，使年幼失学的得受教育。此种救人的精神，古今中外实在少见少有的。然而华教授也心力交瘁，神经衰弱，无法支持，只有病倒了。经友好再三敦劝，始于1940年5月返美调治，卒以病入膏肓，康复乏术，延至翌年5月14日竟与世长辞了。伤哉！华教授在临终前，犹云："余有两个生命，仍愿为华人服务。"此等爱吾华人之心何等深切！而牺牲自己，为异国人服务，其人格何等伟大！当噩耗传来，闻者莫不震悼；就是中枢方面也轸惜良深，是年6月10日由国民政府明令褒扬，赞其舍己为人的精神，使我国的人，有所取法。

孔子说"杀身成仁"，孟子说"舍生取义"，这种成仁取义的事情，华教授早做到了，所以她的精神生命是永远存在的，人们也永远不会忘记她的。耶稣说："信我者，虽然死了，也必活着。"这话好像为华教授说的。

本文是1946年11月10日吴贻芳在华群追思会上的发言，为《华群日记》一书的代序。

我的华群老师——吕锦瑷深情的回忆

孙建秋

一、华群女士的"教学实习网"

由于金女大的师范性质,所以教学实习占很大比重。母亲吕锦瑷1931年在金女大入学,1936级毕业。正好赶上自1932年起教育学、教学实习两门课从选修课改为必修课的时期。学生普遍反映,有没有实习课对于走进社会当老师,在教学效果和心理准备上是完全不同的。在当时没有电话、没有互联网的情况下,华群却有一套联系同学的特别方式。就像一个网络,方便管理实习生,及时地得到实习生的消息和反馈。华群把每批实习的同学分成小组,每组五六人。1936年1月,母亲在金陵中学开始了教学实习。"1月29日,"母亲记录道,"华群派了小魏师傅来取实习报告,即实习课程安排和教案。""3月1日,教案和课程设计表由黄老师带去给华群老师。"

可以看出华群调动一切因素,帮助刚刚开始教学的新教师们的实习活动。

二、意外的帮助

母亲主修化学,毕业论文是《两种讲授化学课程方法的比较研究》,指导老师为蔡路德,论文按要求用英文写成。当时80页的论文打字是一项非常吃力的事,母亲用复写纸一式两份打字完成后，发现了一些统计数字的错误需要改动，牵一发则动全身，改动数字后就得重新打字。由于母亲在金陵中学已经开始教课、备课、写实验报告、改考卷、做实验等，事情非常繁忙，因此，她就想在打好的稿子上稍作改动，免得再打。华老师认为毕业论文的格式和页面整洁很重要，会影响他人阅读，但她也体会到母亲的辛苦，委托蔡路德老师送一小纸条给母亲，上面写着"我愿意替你打字"。母亲看后很是感动，连想都不敢想，不敢奢望华群老师能为自己80页的论文重新打字，因为华群老师自己教务繁忙，还要同时指导多名实习生。而这，就是华群老师，她体恤同学，没有架子，总是从同学的角度去考虑问题。

三、华老师的寓教于乐游戏

实习教学时有很多苦处，要写教学计划、教学大纲、教学方法、学生反馈等，令大家头疼。华群女士很注意团结同学，不仅为大家出谋划策、解决一些难题，还注意联络感情。她会在周末组织大家聚在一起做游戏放松一下。华老师爱玩儿，也会玩儿，拼图游戏、拼字游戏、桥牌，还会多米诺骨牌。多米诺，在当时很多同学听都没有听说过。华群女士邀请学生到500号楼她的宿舍去打多米诺骨牌。华群用浅显的语言给她们讲述了复杂的规则，与学生同乐。那天晚上大家战斗激烈，玩得非常开心。

母亲吕锦瑗当年以"华群老师的游戏"为题，于1936年2月29日，在日记里记下了这一游戏：

华群教授请试教诸人去500号楼游戏。有名Dominoe（多米诺）者，骨牌二十八块。一至六；一、一，一、二；etc.二、一，二、二，直至六、六。而一、二，等于二、一，故取消，共剩二十八块，出双者可继续出，末端数之总和为五之倍数者计分，谁手中牌先完即喊"Dominoe！"，余人手中之分相加之，取五之最近倍数而为完者之分，最后，老师中刘恩兰获第一，学生中我获第一。甚有趣。

轻松的娱乐使学生在繁忙的生活中得到调剂，同时也拉近了彼此的关系。

四、华群食言

华群办事认真，怎么会食言？请看一则华群自己的日记：

9月17日 星期五　我食言了

今晚，凯瑟琳和我同将于星期一结婚的吕锦瑷和孙先生（孙明经）一道吃了一顿非常简单的晚饭。这些天中国报纸登满了结婚启事，因为许多家长急着让他们已订婚的女儿完婚，这样，他们总算是把一个完好的女儿嫁出去了。在晚饭前，我们约法三章，不谈战争和轰炸问题，但是很快我们就食言了。

女大学生一般不急着结婚，而是享受被男朋友追求的快乐。但抗战形势吃紧，东部沿海地区告急，西迁至内地已成定局。许多青年决定把婚期提前，途中方便相互照应。父母婚期订在1937年9月20日，那一天正是金女大办的懿正小学开学的日子，也是附近许多小学开学的日期。从8月5日日寇飞机轰炸过后，有一段相对平静期，大家估计轰炸会停止一段时日。

9月17日华群女士与凯瑟琳·舒尔茨女士请父母去吃饭，饭前立下约法三章，只谈结婚筹备事宜，不谈战争。我的父亲孙明经一个月前刚从绥远拍摄了《万里猎影》八部影片回来，满脑子都是前线的状况，自然谈到沿途的所见所闻。例如，日本在内蒙古的百灵庙中设立了秘密电台，如一个中枢迅速指挥调动侵略部队，我国抗日军队一有调动，就遭不测，难以应对。百灵庙是一座很大的寺庙，防范部署严密，无法攻克；后来，一队爱国的中国商人假扮"骆驼客商"进驻百灵庙"驻店歇脚"，他们做足侦查工作，乘夜间神不知鬼不觉地炸毁了日寇电台，让日本间谍网突然失灵，使我军取得节节胜利。又如，鬼子十分狡猾，防不胜防，在一个冬夜，我方发现一群白绒绒的羊群在山上觅食。羊群觅食实在太普通了，没太在意，但一想，这个季节哪里有青草？不禁引起了我方军队的好奇和警觉。侦查员悄悄前去侦察，原来是敌军披着羊皮正在偷偷地向我方阵地移动……父亲一边说，一边比画，因为父亲曾写了25封信给母亲，所以她也在一旁补充。华群女士听得津津有味，完全忘记了这是金女大作为娘家嫁女儿，忘记了讨论新人结婚的各项事宜，忘记了饭前的约法三章，她事后实在觉得不好意思，在当天的日记中记下"我们食言了"。

2005年，当笔者读到华群女士的这段日记时，不由得被她坦荡的真性情感动。不过华群并未忘记她答应的婚事筹备。父亲回忆，金女大后来在吴贻芳的贵宾室里摆了三桌，宴请新人。母亲就要出嫁了，班级主任苏德兰老师和导师蔡路德教授也主动接过招待客人的任务，吴贻芳一桌，蔡路德一桌，苏德兰一桌，十分隆重，以表达金女大嫁女之意。

五、华群参加我父母婚礼并念主祷文

1937年9月20日上午，我的父母孙明经和吕锦瑗举行婚礼。男方我父亲这边的同仁也行动起来。父亲是教育电影部主任，同仁个个都非常起劲，早早就架起了电影机、摄影机、照相机、长枪短炮，头上还蒙着黑布，做好了三重拍摄，准备大干一场。上午10点之前，原定典礼开始之时，空中就响起了空袭警报，而新娘子未到，新郎焦急，愁容满面。还好，新娘终于匆匆赶到，婚礼进行曲响起，总算开始进行。刚进行一半，三声短促可怕的紧急警报响起，72架日机分三批飞来南京进行连续轰炸。"中央大学"被炸，本来要拍摄婚礼当日天空阳光的和谐气氛的电影机，拍下了"中央大学"冒起的浓浓的黑烟。天上飞机轰炸，地上滚滚浓烟。爆炸声引起礼堂内一阵混乱，此时吕锦瑗被问到是否愿意嫁给孙明经为妻时，在震耳欲聋的轰炸声中，起初根本听不清这重要的问题，回答也无法听见，最后新娘大声喊出了"我愿意！"——日后这成了金女大的一则趣闻笑谈（后来的金女大新娘高声吼叫"我愿意！"典故由此而来）。陈竹君女士安排的婚礼仪式，请了金陵神学院院长李汉铎博士主持（父亲回忆，由于连续的轰炸声，主持人李博士的手有些发抖了）。华群女士提前用中文清晰而迅速地念完主祷文（Lord's Prayer）："我们在天上的父，愿人都以你的名为圣……阿门。"婚礼匆匆结束。

华群女士本该躲进地下室的，但她怕花童、纱童陈佩德、小林等孩子因轰炸而留下心理阴影，便故作轻松留下来陪孩子们玩耍，直到午时1点。那天，她下午3点才吃午饭。

婚礼在特威纳姆教堂举行，是金大英

语教师特威纳姆夫人为纪念丈夫保罗在华病逝而建造的小教堂。礼成后，这位特威纳姆夫人开着自己的奥斯汀小轿车将我父母送入新房，结束了婚礼。后来，金女大在纽约办事处的麦克米伦夫人非常敬佩这对新人，因为当时婚礼完全可以暂停，但新人毫不慌张，勇气十足，决定在轰炸声中完成婚礼，且态度坚决。麦克米伦夫人在之后的金女大海外募捐活动中就以这对坚毅的青年在炮火中完成婚礼为例，鼓励大家勇敢面对战争。

9月27日，父母回请华群女士，感谢她的帮助，再次谈到了这场炮火中的婚礼，真是一言难尽，百感交集，他们还一起观看了婚礼的电影和照片。

六、白色谎言，华群几近崩溃的磨难

1938年日军进入南京，华群女士主持的金女大校园难民营保护了大量涌入的妇孺，最多时达到一万名。日寇攻占南京城后疯狂烧杀抢夺，四处蹂躏中国妇女，金陵大学几位教授贝德士、史德蔚、林查理等以日记和书信的方式记录下来，贝德士多次将数字从各处报上来，去日本领事馆抗议。被奸污的女子，有的甚至还是难民营里的中学生，有的受害者不愿说出，至今无人知晓。这使华群心痛无比。

日寇非常狡猾。1937年12月17日，日寇在金女大东门外大声闹事，借口校园中藏匿有中国士兵之类的托词，还把年轻的男性留守委员陈斐然拉到大门前示意要枪毙。华群女士挺身而出，苦苦哀求，为了救出陈斐然，她挨了耳光，并跪下求情，全然不知这是日寇声东击西、调虎离山之诡计。日寇乘机抓走了藏在300号楼顶层里的女学生。

后来，华群女士给美国教会同仁写信，"感谢上帝，她们趁夜里日本人熟睡逃了回来，我明天带她们去看医生……一切平安云云"。从那以后，华群女士发现这些中学生两个月不再肯下楼吃饭，只是躲在三楼，抱住双腿，前后摇摆，夜里一有风吹草动，一点声音，就会大声尖叫，常做噩梦。原来日本人的狂妄残暴达到了极致，令人发指。那天晚上，几位中学生遭到不幸，考虑到女子的尊严和青年的成长，别人问起，华群总是装出一副欣慰的样子说："她们平安回来是我们祈祷的结果。"这是为了保护女孩子们的白色谎言。其实，华群女士在心灵和精神上是与那些孩子们一起承受磨难,她所承受的痛苦远远比她写下来的要多得多。心中独自承受着这些苦痛,鲜有流露。也正是因为如此,她的精神压力愈来愈大,几近崩溃边缘。

七、"华群对我的教育"——吕锦瑗日记摘抄

我的母亲吕锦瑗是华群女士"教育学"课上的学生,她两次实习的指导老师都是华群女士。不过,初次实习多会有些忐忑,缺乏信心。在华老师精心指导和鼓励下,一切都进行得很顺利。

母亲的第一次实习是在金女大附中试教,效果如何,母亲并不知晓。等到中秋节,学生向老师发请帖时,母亲回忆,"中秋节学生发请柬,我列第一。"当时中学生将最喜爱的老师列在第一,母亲十分欣慰。

八、金女大校友会恢复,母亲对华群老师的怀念

1972年中美建交,关系逐步恢复,1979年改革开放,对外交流得到加强。1979年吴贻芳校长以87岁高龄,赴美领取获赠的"智慧女神奖"后回国时,路过北京,校友们欣喜万分,在莫斯科餐厅集会,见到了阔别几十年的校长,感慨万千。1982年中断30年的校友会恢复了,母亲对金女大的回忆涌上心头,回到家中寻找所剩不多的在校期间的笔记、资料和照片。她曾于1942年当选成都校友会代理主席,1947年当选金女大南京校友会主席,金陵情怀非同一般,具有自然的责任担当,不过那是最后一届校友会了。30多年过去了,大家很久没有联系。母亲当时脑血栓偏瘫,行动不便。她的笔记记录了当时的情景。

"1982年12月13日金女大校友会在东城女青年会开会,学校派车,1935级校友汤一雯来接我。儿子建三同去照相。吴校长出席并讲话,特别接见了我。会议主席表扬了几位有特别贡献的校友,我忝列其中之一,这是参加女大校友会以来最愉快的一次。会上建三拍了不少照片。1983年11月底,与母校70周年旅美归国团联谊会照片共约百张,贴一大相册。通过北京校友会寄赠吴贻芳校长,略表对母校一点心意。"

母亲参加校友会后,常用简单文字记录心情。

"华群女士在课堂上对我的教育毕生难忘。我因晚起常爱迟到一两分钟，华老师说：'在锦瑷进来之前，我们讲了……'从此我不再迟到。没有责备，胜似责备。"

"教育学302的笔记曾保留多年，现已不见，但这一教育方法深深打动了我。在金陵大学附中，华群老师为鼓励我，对我说，'张坊校长说，锦瑷是个好老师'。以后，我不但上课未再迟到，一生讲课通常都是提前到。只有在华西大学因桥坏，过锦江河无船迟到过一刻钟，让听'摄影化学'这门课的华西坝五所大学的学生们等着。以后再没有过。"

这里面自然包含了母亲对曾在金女大任教的华群等老师的深切怀念。

2016年电影学院65周年校庆，母亲获得"新中国教育开拓奖"。我想，金女大的教育对她的影响，可见一斑。

本文据作者孙建秋母亲的日记和生前谈话写成。

华群女士的泰山行

在金女大的岁月里，华群女士把自己对中国文化的热爱传递给年轻人。读万卷书，行万里路。在华群女士的倡导下，师生们纷纷利用假期游览名胜，既愉悦身心，又开阔眼界。据校友张肖松回忆，1923年学校师生同往泰安拜谒孔庙，登临泰山。考虑到学生手头拮据，华群女士亲力亲为安排旅行计划。

"首由学校接洽铁路局在某几天中让我们用一节车厢，于行驶中作为交通工具外，且作为我们憩息过夜之旅舍，至全体返回南京车站。如此，师生们可以节省大笔的旅馆费用，非我们所能担负。""与团体同行同游，有专人计划安排、指导解说，使旅行不止于享受欣赏，而且增进知识，促进同行者之感情，由各方面获益，亦受教育方法之一。"

此后，华群女士又安排了一两次泰山之行。事实上，那也是华群女士在中国度过的最平静愉快的岁月。在她身后留下的寥寥影像中，泰山之行的留念照片占据了一半。那一刻，她站在泰山之巅，留下了对自然和华夏文明的敬畏的身影。她对尤妮丝·铁靖的《登泰山》一诗非常欣赏，华群本人曾亲自站在"孔子小天下处"，即《登泰山》一诗中提到的"孔子登泰山而小天下"的碑铭旁留下了影像。

"在凌绝顶之时，我瞬间油然而生一种中西文化对比视野下的崇敬，时空凝固于此，此刻的我与孔圣达成了共鸣，这种天地造化般的神秀又不禁使我恍然大悟中华文化之博大精深。也唯有此刻，我才真切地体会到什么叫作真正的'一览众山小'。"

人们因为华群在难民营救助过一万多名妇女儿童，看到她刚强的一面，我则深深的赞叹她诗情画意、充满柔情的另一面。

1922年，华群女士拍摄的南天门

登泰山

〔美〕尤妮丝·铁靖

孙建秋 译

1922年,华群女士在"孔子小天下处"

宇宙,天堂的十二道清风,
缓慢攀登了六千级台阶后的狂喜有如一声呐喊,
美丽、圣洁,这就是泰山。

我的脚下小山绵卧,棕色夹杂着绿影斑驳,
再往下,是棕色的平原,
土壤铺就的地板径直伸向无垠的蓝天。
我身旁,在这缥缈的空间,
庙宇的飞檐弯曲着划向天穹,
一只苍鹰盘旋于凌霄之上,

宇宙,天堂的十二道清风,
与伴随而来的永恒——白色短暂的宁静,一种存在的呈现。
这是没有尽头的尽头。
节奏在此戛然而止,这里没有时间。

孔圣登山五百载,圣子耶稣才出世,
我和孔子进入了这无法计时的永恒。
身旁的石头虽已变老,上面镌刻的
"孔子小天下处"铭文却万古留存。

石头在变老:
永恒不为石头而生。
但我将步履这空灵之处,辞离这白色短暂的宁静、
这沓沓渐至的狂喜,
时间将把我裹挟,我的灵魂又循着日常节奏而颤动。
可是,体验过生命从容不迫的我,将感受时间在我周围变得稀薄,
因为,在那白色清风的永恒里,我曾站过。

南京安全区的『活菩萨』

1937年，日寇攻占南京。大部分教职员撤往四川成都，借华西协和大学的校园继续办学。华群则主动要求留在南京照看校园。在南京大屠杀期间，她积极营救中国难民，利用金女大校园保护了成千上万名妇孺。她还开办难民学校，培养她们的生存技能，如学习织袜子、织布等，同时还继续办"实验科（即女子中学）"，使因战争失学的女孩可以继续求学，被市民们称为"活菩萨"。

下文选自华群日记译文，记录了1937年9月的几天中南京惨遭日本轰炸时华群女士的心境。仔细读来，处处可见华群女士对侵略者的愤怒与恐惧，对自己使命的坚持，对苦难者的同情，对和平的企盼，对人类战争的反思。

1937年9月20日，星期一

经过长时间的休息，今天早上醒来后惊喜地发现，尽管昨晚的月光有利于空袭，但一整夜都没有空袭。但愿他们没有利用这皎洁的月光，残忍地轰炸其他没有设防的城市。

…………

帕克斯顿劝我们离开几天，也许不超过芜湖以西。……下面是我大胆地写给帕克斯顿和佩克的几句话："我认为，如果城里所有的使馆都降下国旗，并撤走人员，这将是一个

难民营中的妇女正在学习纺织

悲剧。因为，这意味着日本甚至在没有正式宣战的情况下，就可以对南京进行无情的、毫无顾忌地狂轰滥炸，我希望日本空军无法得到这种满足。"在我和凯瑟琳进行了短暂的商量之后，我们俩都向大使馆表示，我们将同我们的同事在一起。在这种时候，我们认为自己会发挥很大作用。我们还清楚地表明，我们是自愿冒险留下的，无论发生什么事情，我们都不愿以任何形式使政府或是学院感到他们对此负有责任。

上午10时到下午1时。我参加了吕锦瑷在特威纳姆小礼拜堂（Twinam Hall）举行的婚礼，遗憾的是新娘迟到了。在她来之前，第一次空袭警报已响了起来。仪式刚要结束，紧急警报就响了，我们开始听到远处轰炸机的轰鸣声。我从未用中文这么快地说过"上帝的祈祷"——这本应该在礼拜结束时说。我们本可以跑到金陵大学的地下室去，但我们决定就待在这个小教堂里，尽管这是个不明智的决定，特别是它离何应钦将军住宅附近的高射炮很近，这门高射炮就在他的住宅那儿。轰炸很猛烈。我们试着逗在场的孩子，并和他们一起玩。现在还不知道轰炸的结果，但恐怕很糟。

下午1时30分。我给住在卜凯家的史迈士打了电话。他反对撤离，并已开始为大学医院组织救护车。

下午2时。由于空袭期间炊事员无法做饭，到现在我们还没有吃午饭。

下午3时。刚吃完饭，我们现在全在400号（楼）宿舍楼吃饭。

…………

在和吴校长商量后，她非常愿意，我给大使馆的参赞佩克写信，询问他们对于我们在校园使用美国国旗持何种态度。他打来电话，认为这是一个很好的主意，他很大方地借给我们一面新的9英尺长的美国国旗。我们把它平放在我们校园方草坪中间。尽管旗帜有9英尺长，但在那块大草坪上看起来却很小。程夫人、陈先生和我决定明天买布做一面比这个大三倍的旗帜。我还与南门教会以及基督教女子学校的朋友联系，询问他们是否准备了美国国旗。

…………

是睡觉的时间了。今晚的月光美极了，但我认为今晚不会遭空袭，我认为日本会利用这段时间来完成下次轰炸的准备工作。据说今天实业部遭到轰炸,41人被炸死。这种时刻往往谣言四起,并且传播得很快。史迈士告诉我,他听说中国空军已很难发挥作用了。今天,每当中国飞机试图做点什么的时候,就有4架日本飞机追逐它。今天早上,那个较大的军用机场被彻底摧毁。从现在起,南京只有挨炸的份儿了。

晚饭时,胡斯曼夫人给在座的鼓劲,说今天早上有7架日本飞机被击落,昨天也是7架,这使我们感到很有希望。正如我前面所说,这些都是谣传,折中一下也许更接近事实。

今晚当我回到实验学校(金女大附中)的房间时,在月光下,我忍不住站在铺在草坪上的国旗旁。我想,这些年来,我们国家的动机和所作所为如果不自私、不贪婪的话,这面国旗和它所代表的国家将具有多么大的和平与正义力量啊!即使现在,如果英国和美国能够为了人类的最高利益而联合采取行动的话,人们还有可能为了后代而拯救这个世界!我们是怎样在不同时期,利用我们民族的遗产,并出卖我们与生俱来的权利,这些权利是我们清教徒先辈们历经磨难才得到并转赠给我们的!

华群女士与难民营的学生,前排左起孙宝华、华群、杨牧师、陆慎仪

与华群告别时刻

笔者电话采访许勤，即1938-1940年金女大附中的高中班学生朱为捐。孙建秋，以下简称"孙"，许勤，以下简称"许"。

孙：1940年5月14日，华群老师病重，要回国了。你们心里一定很难过吧。

许：不难过。

孙：怎么可能？她是你们的班主任啊！

许：我们还替她高兴呢。因为我们想美国那边没有日本鬼子，又有好医院。

孙：华群老师离开时病得很厉害吗？

许：从外表上看不出来，那年（1940）2月份她还给我们上课呢，到3月中就不能上课了。

孙：你们去看过她吗？

许：怕打扰她休息，当时不让同学去看。

孙：她离开时，你们没有对她说什么吗？

许：来不及，她第二天早上走，我们第一天下午才知道。心里有些舍不得。

孙：没有送给她什么纪念品吗？

许：我们班大家商量了一下，决定送她一个床单。因为觉得她养病，肯定需要卧床。

孙：什么样的？

许：是一张贴花工艺床单。用彩色布剪成花样，贴好。绿颜色荷叶和粉红色的荷花。我们先把花样剪好、贴好，全

华群女士与难民营工作人员

班九人分散在床单的各个角落，大家一起缝、一起绣，整整绣了一夜。

孙：你们说什么了吗？

许：大家没说什么，以为她会很快回来。我们的班花是荷花，是华小姐自己定的。

孙：华群老师看见一定非常高兴吧？

许：不知道了，班里的两个同学做代表送去的，一位老师（凯瑟琳）出来接的。说华小姐在收拾行李，请不要打扰。后来知道是怕她情绪激动。（叹）不知道那是永别。

纪念华群——基金与纪念堂

1941年5月14日,华群女士在美国逝世,噩耗传来,远在四川流亡的金陵女儿们都十分悲痛。因为在华群女士55年的生命中,有28年在中国度过,她把自己的英文姓氏"Vautrin"译成汉语"华群"作为自己的中文名字,并反复申明:"中华的华,群众的群。"为中华群众服务是她生命唯一的宗旨,为此她一生中再也没有用过别的汉语名字。成都校友又怎能忘记华群女士的这一生?当时,成都华西坝举行了金女大校友集会,当时叫"金女大毕业生会",由邵老师(鲍富年)汇报了校友活动经费使用情况。会上决定,通报各地校友为华群基金集资,以纪念她们敬爱的老师和教育家。

修订《凌道扬传》书稿时,人们在上海档案馆查到"华群纪念基金"倡议函,原来这是凌道扬起草、陈立夫等联名发起募捐的,原文如下:

径启者,金陵女子文理学院教授华群女士,籍隶美国伊利诺伊州,天资颖特,秉性仁慈,凤以服务人群为志,早岁卒业于伊利诺大学,得文学士位,后入芝加哥及哥伦比亚大学研究院,得硕士学位。曾游欧洲,考察教育。1912年始来中国,任安徽合肥三育女中校长,成绩昭著。1919年秋,任金陵教育系主任兼教育主任,校长休假时,数任代理校长,诲人不倦，辛劳勿辞。课余，复于学校附近，创设乐群社懿范家政校及实验中学，领导学生前往实习，精心擘画，二十年如一日。

1937年冬，国府西迁。留京国际人士，组织"救济委员会"，华群女士毅然参加，兼任守护校产之责。倭军蛮横，犹设立收容所，收容妇孺逾万人，赖以保全。1938年5月，又为无力离京、无家可归者，设立职业班，授以生活技能，足见其用心之苦，救人之切。然卒以心力交瘁，所受刺激过深，致神经衰弱，1940年5月，已不能支持，返美调养，延至1941年5月14日，竟与世长辞。噩耗传来，不仅金陵师生震悼，即我国中枢及各界人士，凡知女士者，亦莫不轸惜。立夫等，或与相识，或受薰陶，深知其道德之淳，救人之众，曾由国府明令褒扬，有"见义勇为，不辞艰险"等语。立夫等特于逝世三周年纪念，为发起募集纪念基金，由金陵女子文理学院举办社会服务事业，竟其生前未竟之志，以慰先灵而树来兹。

素仰先生热心救济事业，谨函奉达，至祈惠予，倡导踊跃捐输，共襄伟举，无任企祷。

募捐"华群纪念基金"发起人，包括陈立夫、张治中、杭立武、李德全、魏学仁、艾伟、凌道扬、徐国懋等，都是当时政界、学界、商界明公巨子。发起人中，还有金女大同学张郁真、崔亚兰、鲁淑音、刘颖保、谢伟鹏、王家伟、杨清心、朱梅先等。

以下是金陵女子文理学院校刊（1942年12月）记载的事情：

成都毕业同学于1942年10月25日午后3时假新医院教职员宿舍开会员大会。先有张兰乡博士报告关于在南京原校的消息，谓日人在6月21日强占（金女大）校址，校内的办事人员都被驱出，同学闻之，无不怒愤填膺。其次，邵（鲍富年）师母告本学期校务状况和上次募集的华群基金的数目，除去开支以外尚余17000余元。最后重要之决议案为由总会通函各地分会响应华群基金的募集，再由同学会推一人加入母校的华群基金委员会，为本会对该项基金的永久负责人。最后，以正副会长因职务关系，常需出外旅行，因此推选吕锦瑗女士为代理会长。

同学们议论着,希望修建一座华群纪念堂。吕锦瑗担任了执行工作。

永恒的纪念堂堂址该建在哪儿呢?当然得等逐走日寇,回到陶谷校园,华群女士曾经生活、工作过的地方。终于,日本投降了。1946年金女大复员南京后,百废待兴,大批女学生由川返宁。招生扩大,附中容纳量告急。吴贻芳校长与校友会和众校友商量,决定以兴建教学楼的形式纪念华群老师——毕竟附中是她临终前最惦记的事。试想,有什么能比女孩子们朗朗的读书声更能让华群老师高兴的呢?有什么能比女大学生贯彻华群老师的"教育学""试教理论"等课程进行的实践更能慰藉一位教育家呢?至于建成什么样子,因经费、时间所限,决定沿用宋氏姐妹楼的现成设计图纸。就这样,金女大校园东南角一隅建起两座相同、对称的建筑,中间一池塘隔开。华群纪念堂不是高大的殿宇,而是实用、朴素的附中宿舍兼教室,这是华群女士魂牵梦绕的地方,她创建了附中,把她对于教育的爱留在了这片朴实的土地上。

金女大附中的华群纪念堂

华群永生

华群女士于1940年5月4日回到美国治病，次年逝世。治病期间她仍然参加了各种活动。

她知道自己的病躯无法再回中国为中国人服务奉献，内疚之下离开人世。

华群女士生于伊利诺伊州，逝于印第安纳州，享年54岁。她的墓地在密歇根中部雪柏镇（Shepherd）的盐河公墓（Salt River Cemetery）。人们常常带着她生前喜欢的菊花，为华群女士扫墓。

华群女士所在的教会特意制作了一块四尺见方的大理石墓碑，上面刻着一副象征金陵女子大学的中国古典式房屋图案，上面镌刻着四个汉字："金陵永生。"墓不大，左面是一个大花瓶，里面插满了各种颜色的花束，后面是一株粗壮挺拔的青松，象征着华群女士傲然挺立的精神。

重返她的祖籍地也算是叶落归根了吧。Vautrin是雪柏镇的一个家族的姓。千人小镇雪柏镇和盐河公墓远离大城市，环境优雅安静，华群女士的墓坐东朝西，背靠大树，可以安然地远眺着远在万里之外的中国南京。当阳光穿过随风摇曳的树叶，柔和地洒落在华群女士的墓碑上时，好像有人在娓娓吟诵：谢谢你，华群，安息吧！愿你在故土永眠，在金陵永生！

1941年5月,华群女士(左二)与朋友,摄于圣路易斯市

岁月静悄,在离南京万里之外的雪柏镇,华群女士的墓依然执着地眺望着令她魂牵梦绕的金陵城和倾注了毕生心血的金女大。当乌云和阴霾散去,她的坚毅、正气和善良将永远定格在朗朗乾坤。晓风轻拂,青松不语。是的,正如她喜欢的一句诗,"只有美,只有真理,才会与世长存。"

华群墓碑上刻着：华群/"活菩萨"/赴华传教二十八春秋/1886—1941。背景图案是金陵女子大学的大屋顶建筑，这是华群女士的牵挂，也是她在中国的家

长存（Survival）

泰德·马隆尼

距今夜千年之后，
月神又爬上天空，
同样的风雪让屋顶寂静无声，
同样疯狂的星辰仍在天空飞奔。

有谁会知道中国那边的战争，
或者西班牙战场上的毒气？
无论谁胜谁负，
死者……都会被忘记，消失。

或许那些玩弄聪明计谋的军阀，
他们仍然还活着，
或许有一只中国的瓷瓶，
会偶然得以幸存。

或许一次祈祷，也许一首歌曲，
唱着时髦的爱与泪，
但唯有美，唯有真理，
才会万古长存。

　　此诗是华群女士去世前一个月寄给南京一位朋友的，意思是自然与她们的救助工作会长存，人类的战争不会。

蔡路德

在金女大教课时间最长的外籍教师是蔡路德（Ruth M. Chester）女士（1894—2007）。1917年金女大刚刚成立不到两年，还在绣花巷时期，她就来到金陵女子大学开设了化学课，1939—1949年为化学系教务长，直至1951年才离开，在金女大任教共35年。她先后担任教师、行政职务兼吴校长的顾问，把一生最好的时间献给了金女大。

化学系主任蔡路德博士，兼任教务主任，她在金女大服务35年，是最后一个离校的外籍教师

她很注意理论与实践紧密结合，有时先讲教材，有时先做实验，看到结果再讲课，效果很神奇，同学们很喜欢她的课。许多人（例如1936级的吕锦瑗），虽经历战乱，家产尽弃，却把她的课堂笔记保留一生。近80年过去了，虽然当年的实验样品颜色已褪，蔡老师讲实验课的方法却仍然鲜活地印在学生们的脑海里。她与众不同的做法是在实验报告后面加有批语，与同学直接对话，发现微小进步，都要表扬和鼓励。

1969年美加双年会上，美国著名病毒学家、金女大1942级熊菊珍教授，代表海外校友向蔡路德老师致敬。这种表彰是极大的荣誉。如熊教授所说："我们后来的成绩，

1935年，部分学生在蔡路德老师家做客时的留影（何玉贞提供）

欢送社会系主任涂德理
中排右二为张芗兰，右四涂德理主任，右五汤铭新（个案研究，儿童精神分析），右六郝映青（中文）
三排右三郭锡恩（总务长/社会学）
前排左一董率真
（图片由董率真提供）

都是您打下的基础。"

1997年的双年会上，化学家凌佩馨（1944级）代表学生向老师致敬，她说："40年来，蔡老师的圣诞贺信没有断过，内容非常有趣，而且总能给人启发（Provide food for thought），她喜欢回忆金陵生活的点滴细节，而且津津乐道。蔡老师说：'在我这个年纪，最感到欣慰的莫过于我从前的学生正在从事和完成的那些辉煌的事情。我为参与了她们的启动阶段而感到开心。（The most rewarding thoughts are the splendid things many of my former students are doing and have done. It is gratifying to know that I had a part in getting them started.)'百岁高龄,她也从不抱怨健康状况,总是抱着乐观的生活态度。"凌佩馨说出了大家的心里话。1979年吴贻芳校长到美国领智慧女神奖,海外金女大校友蜂拥而至,聚会照相时都往前挤,已经85岁的蔡老师坐在轮椅上,就在校长身旁,备感亲切。1994年在她100岁生日时,金女大校友为她送上一件蓝色、精美至极的南京云锦睡袍,祝她寿比南山。她激动地在照片背后亲笔写了致谢辞。

回头看,蔡老师的担子一直很重,教授化学课并亲自指导实验。20世纪30年代没有复印机,金女大要求毕业论文用英文写,交三份。凡是有重大修改的,就得重打,苦不堪言。蔡老师把自己唯一的一部打字机借给同学使用。对于住在校外的同学,其论文价值较高的,她同意同学将打字机带回去用,而且不催还(吕锦瑗日记)。她一直担任化学系主任,为争取设备操劳。1947年后,她还兼任教导主任,事无巨细,均需关注。到了1951年,抗美援朝,中美关系紧张,美籍教师都纷纷离去。那时她正指导化学系曹婉等四位同学写毕业论文。须沁华回忆:"我到她办公室看见她正专心一字一句地修改我们的论文。很感动,不知说什么好。"她是最后一个不得不离开金女大的外籍教师。恋恋不舍地离去,带走的都是满满的亲切的回忆。1951年回国之后,接受派遣,她又到巴基斯坦罗哈儿一所男子学院当化学系主任,从全女子学院转到全男子学院,她表现出了很强的适应能力,六年中她还为男子学院学生们编了一本急需的化学教材。

退休回到美国后,蔡老师没有休息,与金女大前校长德本康夫人两人合编了一本金女大校史 *Ginling College*,德本康夫人负责前一半初创阶段的编写,蔡老师负责后一半发展阶段的编写。在抗日战争这个大时代里她记录了许多金陵女儿投身抗日的具体细节:例如牛惠生夫人徐亦臻在伤病医院组织为难民捐献寒衣繁忙工作;在上海新施公司被日寇惨烈轰炸后,1939级朱月珊同学立即勇敢地奔赴现场救助伤员——家里担忧她的安全没收她的自行车,她走着去上班等。这些纪录给金女大的金陵精神留下一份宝贵的遗产。

1943年，蔡路德与化学系主修生在成都合影

1944年，蔡路德50岁生日与化学系同学合影

陈琏采的风采

陈琏采（Ettie Chin，1913—2005）生于美国马萨诸塞州的一个华裔家庭，父母来自广东台山。陈琏采本科毕业于私立史密斯女子大学，获密歇根大学硕士学位。1938年夏，她与四哥国平取道香港一同回国，在华西坝金陵女子大学体育系任教。

陈琏采年轻单纯、天性乐观，在回国途中躲避日军轰炸时还不忘拍照，坐船经过波涛汹涌的长江三峡时还教学生唱英文歌。而在去四川成都的途中睡火车过道、农舍猪圈，躲日军空袭，在月台生火做饭的艰苦她却很少提及，强调同行师生志同道合。旅途最后，她甚至声称发现了支撑中国人熬过战争的心灵钥匙："我相信乐观和忍耐一定是目前每个中国人都需要的品质。"

陈琏采到了中国才发现自己汉语水平差，家里说的粤语与当地方言差了十万八千里。周围人对她的汉语往往听不懂，常常闹笑话，她自己并未意识到。看见标语"有钱出钱，有力出力，"她激动地领着同学高喊："有钱出钱，有刀出刀。"她想"大刀向鬼子头上砍去"嘛。

陈琏采（中）与弟弟、弟妹

陈琏采上体育课,学生需着白衣黑短裤,短袜球鞋,服装要求极为严格

陈琏采(左四)等在金女大自建的第一宿舍前

金女大的同学和老校友被这位华侨真挚的爱国情怀感动。以后凡是海外金女大的募捐活动，就一直沿用陈琏采"有钱出钱，有刀出刀"的口号。一喊"有刀出刀"大家都非常激动，懂得其中爱国的情有多么深。

陈琏采与两位哥哥在四川一待就是六七年。直到1944年，抗日战争胜利前夕，因弟妹怀孕，身体不适，三人才不得不决定离开。他们乘飞机飞越喜马拉雅山到印度，搭美国军舰回国。

1983年应对外友协和吴贻芳邀请，金女大校友从美国、加拿大集体返回南京母校，然后来到北京，受到北京校友和有关领导的热情欢迎。陈琏采仍然是那副幽默、顽皮的样子。

1983年，陈琏采在北京政协礼堂，幽默不减当年（孙健三摄）

师以法教授的故事

师以法老师出生在伦敦一个有 11 个子女的中产阶级大家庭里，孩子们都受过良好的教育，8 个女孩会自己在家排戏。其父是英国国会议员和伦敦传教士协会（London Missionary Society，LMS）的财务总监，他希望子女们未来能够自己谋生，到海外做无偿的志愿工作。师以法童年就认为去远方传教很浪漫，经过大学学习之后，这种意识没被削弱反而得到加强。

师以法考入牛津大学萨默维尔学院学习历史专业并当选为优秀毕业生。1920 年毕业后，立即写信给 LMS 要求派到遥远的东方。为此，她先后在伦敦日间培训学院与教育学院进行教学工作，做培训准备，其后，还在曼斯菲尔德学院专门学习如何做好牧师和从事教书工作。1923 年 8 月师以法来到南京，在金女大从事宗教、历史、欧洲文化的教学，除指导一些宗教活动外，她把大量时间投入到戏剧等文艺活动。排行老九的师以法和排行十一的小妹乌苏拉（Usula）于 1925 年在金女大 10 周年校庆前为学生排练莎士比亚戏剧《仲夏夜之梦》，第一次把莎剧引入了金女大，成为轰动一时的大事。

金女大是美国人创办的学校，受美国文化影响多一些。师以法老师的到来带来了一股英国风——英国民间舞蹈《五

师以法老师

师以法与张肖松、陈越梅、徐秀英等合影

月花柱舞》，源于英国乡间为庆祝春天的到来而环绕一根柱子欢跳的舞蹈，后来发展为全校春季的露天舞蹈表演节目。此外，师以法喜欢旅游，时常带领学生乘一种叫作"维多利亚"的英式马车，去到南京四周及更远的地方。她相信淑女的养成是需要开阔视野，广泛游历，身心健康的。她担任班主任的班级同学对她感情特别深。

坚石嶙峋难攀、灯塔突兀直立于上，师以法老师带领学生循石攀岩而上，以磨炼体力和意志，培养金陵精神。不畏艰险，迎难而上。

在南京校园南山半山腰上，师以法老师自己出资，自己设计，建了一所有三个卧室的住宅，免费约请两位老师同住做伴。她有请同学来住两天，一起吃饭、聊天的习惯。她对于中国的习俗十分着迷，同学们毕业前夕的谢师宴都邀请她。

奉献精神无疑与她个人的信仰和金女大校训"厚生"一致。在成都，朱恩贞老师肩膀瘤破裂，在大后方抢救时需要输血，师以法第一个报名，带了一个好头。

纪录片《南京》(1948)中金女大五月花柱舞,也叫五朔节

金女大上演《仲夏夜之梦》(孙恩莲提供)

她酷爱戏剧，每学期都要为学生编写戏剧，有话剧、哑剧、音乐剧等。她性格开朗，什么题目都敢触碰，没有禁忌。例如吴贻芳校长是单身，这件事情比较敏感，有的家长担心女儿读了金女大会不结婚了。为此，师以法编排了戏剧《吴贻芳的婚姻》，介绍了一个个曾经的求婚者——或学者，或官员，被吴贻芳一一拒绝。最后，校长把自己嫁给了"教育女神"，音乐响起，全剧达到高潮。

师以法老师喜欢写诗。她的诗歌《南京云锦》在学生中广为流传。她认为云锦经纬精细复杂的密织，织出了南京的故事，一小片云锦是值得毕业生带走一生的纪念物。英国民歌体的清新韵律流淌出对于南京的情感。

师以法老师带学生乘坐英式马车

师以法老师带学生在岩石灯塔下合影

师以法老师带领 1940 级同学出游

椅子上野餐（1940 级）

华西坝，金陵女儿换上工装裤，后排左二为师以法老师

梅耶夫人回母校

梅耶夫人原名 Harriet Marie Cogswell，1926—1932 年在金女大任英语教师。1946 年随外交官丈夫来到南京，她也是美国顾问团成员。她见到金女大老同事十分激动，感到特别亲切。金女大教学的经历一定程度上影响了她丈夫对于中国的看法。

1947 年 12 月，金女大教师在南山与梅耶夫人合影。后排左起邬静怡、惠特曼、徐亦臻，中排左起刘恩兰、克馥兰、梅耶夫人、蔡路德、陆慎仪，前排吴懋仪

怀念苏德兰老师

苏德兰作为1936级的级主任，极其负责。对于毕业生就业问题设法安排、对同学十分关心。这位音乐老师天生有一种感受异域文化的能力和兴致。同学们喜欢她的这种个性，师生宴中的欢乐气氛令人难忘。

吕锦瑗的日记中多次提到这位可爱的音乐老师。

1936年1月9日　被约请

晚本级顾问苏小姐（Miss Sutherland）请本届毕业同学（春季班），共10人，仅3人工作有事定规，余多留校，也无办法中之办法也。地点在汉口路19号，（财务总监）毕律士的家里。毕律士小姐为本校及金大会计。

1936年10月31日星期六　左府宴苏

午睡后，三时半出发购买生日卡片，付洋五角。径往珍珠桥593号左犹麟家，剥橘子摆盘陈设。六时半客至。（体育教授）Miss Haight作陪。客厅里一时空荡。余等手捧生日蛋糕，唱Happy Birthday to you而出，又放鞭炮，颇枉一时之盛。主客共七人。菜虽完全家制，而味美量丰有甚一席。寿桃、寿面一应俱全。此外，橘汤一盆，甚可口。九时饭毕，玩扑克（Porkey）二转，余均先脱手。九时半同学们起立，

苏德兰老师采花

苏德兰老师与 1936 级学生合影（1935 年摄）

表演中国旧礼拜寿（有的作揖、有的唱拜、有的跪拜）。大笑大乐，我又忘形。多日不如此，难得如此良机。

张筱燕怀念苏德兰：

苏德兰教授（Miss Sutherland），一头灰白的短发，两眼炯炯有神，笑眯眯地望着我，她说希望听我弹一曲，我点点头，走上台弹了一首我喜爱的普鲁士作曲家杰曼的思乡曲。我由开始的紧张，继而沉浸在思乡的深情里，当时我的故乡已为日军占领，我用音乐倾诉了内心的悲愤与哀思，我弹得很激动，当我弹完最后一个音符，一起身来。这时，我才惊讶地发现，坐在最后一排长椅上的苏德兰教授还一动不动地沉思，在已飘散了的音乐声中，她听得那么专注，那么入神。她选哪一首曲子，都是经过深思熟虑的。例如她为我选择了一首俄国作曲家尤弗洛夫的《悲歌》。这首著名的小曲，看上去短小，实际上为我以后弹奏浪漫派大师们如肖邦等的作品，奠定了一个良好的基础。她在不同的时期和风格的作品中，选出作曲家们的代表作，例如在奏鸣曲中，她选了莫扎特的

1924年，金陵合唱团。后排右一孙恩莲、右四苏德兰，前排右四为黄丽明

K·Nr331等。类似这样的作品，她都仔细地讲解分析，她要求对乐曲要吃透，直到融会贯通。她示以典范，达到举一反三，同时让学生充分发挥自己的想象力，这种重质量和认真的学习态度是她一再追求的。她告诫我们学琴的最终目的是要把有内涵、有生命力的美好音乐呈现给人们，这需要长期艰苦的磨炼。每到演出之前，她习惯了坐在最后的长椅上，神情专注地听我一次再一次地弹，直到她满意才准我上台演出。

1977年8月1日，导师苏德兰在美逝世，学生孙恩莲万分悲痛，与牛夫人徐亦臻商议，决定由孙恩莲出面组织苏老师教过的同学们写些与老师之间的故事，编辑成册《一个鼓舞人心的故事，一个美丽的人》，以此来缅怀先师。

男教师的贡献

金女大是女校,女教师多,男教师少,但男教师的教学方法和学术报告的深度及广度开阔了女生的视野。

1. 戎蔼伦回忆熊子璥的物理课

记得当年教我们物理课的老师是熊子璥教授。一天上课,他对学生讲,我们周围的大气压,在标准状态下是760毫米汞柱,约合每平方厘米承受一千克。当时我想,照此推算,一个人的人体表面积若有100平方厘米,岂不是要承受100千克的大气压力?这个天文数字,令人难以接受并信服。但熊教授说,明天你就会相信。真的吗?

第二天只见熊教授带来一个洋铁桶,在课堂上他把铁桶口接到抽气机上,对铁桶抽气,结果不到一分钟,随着噼里啪啦的响声,铁桶被压扁了!

熊教授说,铁桶被什么压扁了?没有学生回答。

熊教授接着说,铁桶内部被抽空,没有气压支撑,所以周围的大气压力把它压扁了。我这才醒悟过来,真正体会到大气压的威力。看来,"物

熊子璥教授

理"、"物理",讲的真是"物之理也"。这场启蒙教育让我爱上了物理这门科学。

2. 吕锦瑗回忆温步颐的化学报告（吕锦瑗1936年1月6日日记）

纪念周上温先生讲"中国化学工业近况",堪称道者仅硫酸、碱、水门汀数项,天津、唐山各类皆有之。有侯（侯德榜）君者为世研究碱学,有数人之一。实堪嘉许,而引以为范。其他工业如雨后春笋,大家争仿效,不求改造。卒至众败俱伤。举例如两广硫磺场,广西用铅室制造,原料取于广东,成品太淡用于制药,需费巨资蒸发。粤者则取纯材于外洋用接触法,成品浓洁而用于制肥,需加氮,各耗多资,无统一政策,至愚也。温君为本校前化学教员,与我熟识,曾为我提手册、贴像。本考赴美款,今则转赴德国专攻陶业。放洋（留学）在本月底……

温老师深刻的见解给女大学生很大启示,懂得了工业发展需一盘棋的布局。

3. 李国鼎的爱因斯坦相对论的报告

李国鼎先生为金女大学生做了关于相对论的报告。尤其是讲到,当物质在高速

后排右四为身材高大的徐国懋、三排右一为身材矮小的徐国仪（徐国懋的长兄,金女大作文教师,训导主任）、后排左一李国鼎、左二邱玉池

运动时,其质量会随着速度的加快而增大,以及一对象相对于另一对象移动的速度,会使时间加快或减慢等理论时,在场学生先是目瞪口呆,后又渐渐议论一起,无不感慨这理论的精妙,把兴趣扩展到了对宇宙、对时空的思考。

4. 徐国懋与徐国仪兄弟

他们都是青年科学家,给金女大带来了新的科学思想。遗憾的是他们三年后考上公费留学离开了。徐国懋后来成了金融家,成立了金城银行。

第三章

年级概览与学科

各年级照片及著名校友

金女大计年级与现今不同,所谓"级"是指毕业年份而非入学之年。

1919级(第一届)著名校友徐亦臻(前排中)、吴贻芳(前排左一)

金女大1919级首届毕业生吴贻芳（前排左一）、徐亦蓁（后排居中）

金女大1920级（第二届）著名校友郝映青（右四）

金女大1921级（第三届）著名校友严彩韵（左四）

金女大 1922 级

金女大 1923 级校友陈竹君（前排右一）、何昌琪（二排左一）

华群与毕业生们，左起魏修征、何昌琪、华群、孙芝淑。摄于1924年

金女大1925级校友朱敖（二排左一）、毛彦文（二排右二）、刘恩兰（前排右二）、刘颖保（前排左一）、鲍富年（三排右一）

1926级鲁桂珍

1926级张肖松

1926级王淑禧

1927级，左三起黄丽明、陈德贞、杨效让、张才茂，着黑背心者为校篮球队员

1928 级毕业合影，后右二为孙恩莲，前排右一为吴懋仪

1927 年，金女大 1929 级在运动会上合影

金女大 1930 级校友，右三为徐秀英，台湾金女中第一任校长

金女大 1931 级毕业生

1932 级著名校友郁采蘩

金女大 1933 级毕业生，著名校友有王仁慈、蔡德粹、司徒美媛、余和鸾

1934 级与 1936 级姐妹班合影

金女大 1935 级合影,其中著名校友有李果珍(前排右三)、杨嘉仁(后排中)、汤一雯(后排左一)

金女大 1936 级合影，著名校友有吕锦瑷（二排左七）、李葆真、赵式群（前排左一，上海外国语学院副教授）、左景福（前排左五，左宗棠曾孙女）、朱巧珍（前排右四，著名产科医生）

金女大 1937 级合影，其中著名校友有章映芬、孙淑铨、朱月珊（大小姐）、何玉贞、杨丽林、古宝珠

金女大 1938 级，著名校友有朱恩贞、陈洪济、俞志英

金女大 1939 级，著名校友有孔宝定、沈谱、宋彬

金女大1940级,著名校友有潘纫秋

金女大家政系,前排左起为闫伯筠、郭兆平、何洁玉、黄燕华、黄芝敏、刘兆果、容韵宜老师,后排左起为张丽锦、束多喜

金女大1943级毕业生合影。著名校友有凌佩芬、章珏、张丽锦、闫伯筠等

金女大1943级家政系毕业合影，成都华西坝。前排左起何洁玉、闫伯筠、金淑妹、束多喜，后排左二张丽锦、左三郭兆平

1944 级校友鲜于明义

台湾金女中董事会合影,右一孙德芳董事长、右二徐秀英校长、右三林小华秘书、右四陈竹君董事、右五宋竞雄董事(李国鼎夫人)

金女大 1946 级成都毕业,举旗者曾昭淑,其右潘其蓉

金女大 1947 级毕业照,著名校友有袁岘禾、王侠飞、赵雅英

金女大1948级毕业典礼行进队伍的引领员郑踰摩（左）、刘瑜

金女大1947级社会系毕业生

金女大1948级毕业生，著名校友有梅若兰、袁爱莲

金女大1949级全体学生合影，著名校友骆明仁、薛民徽、汪爱丽

金女大1950级毕业合影，著名校友有萧嘉玲、皇甫玉珊、鲍蕙荪、汪安琳

须沁华，化学系1951级

金女大1951级合影

1951级毕业留影，前排左一王韵芳、左二桑明秀，三排右二李敏芬、右三周霞仙、右四钢琴家华平、右五著名花腔女高音孙家馨

1951级化学系4位毕业生，后排左起为曹怡、须沁华。1951级毕业生共56人，其中化学系毕业4人

金女大的家政系

金女大家政系是 1940 年开始创办的。当时在成都华西坝的大学里没有一个学校有家政系,吴贻芳校长认为金女大应该开办家政系,正好燕京大学家政系 1937 届毕业生容筱蕴女士 1940 年从芝加哥大学获得硕士学位回国,吴校长立刻请她来创办家政系。

凡是有关家政系的书籍,都是容筱蕴亲自从海外不辞劳苦、千里迢迢带回来的。当时,家政系试验室的仪器没有着落,学校只是配给她一个闲着的地下室,作为她的办公室、课室和试验室。她到处找专家开班上课,或是组织学生到他校借读。很快,容筱蕴就为家政系制定出必修课的内容。可以说,金女大家政系是她一手创办的。容先生暑期到达成都,九月就开始上课、做实习了。开始,烹饪实习都是由容先生主教。她用小炭炉,把空煤油桶放在炭炉上当烤箱,学生们也能做出很好吃的蛋糕、饼干等。而她自己,则是每天晚上十一点后才回教职员宿舍。

第一届、第二届家政系毕业生及老师

1943级家政系毕业生

家政系19位同学合影

金陵家政系必修课

Subject	学科名称	营养组	儿童教育组	学分	教师
Food and Cooking	食物学	√	√	3	容筱蕴
Child Psychology	儿童心理(金大)		√	3	蔡乐生
Child Education	儿童教养		√	3	shannon、Reed、孙
Principle of Nutrition	营养学原理	√	√	3	谢文梅
Advanced Cooking	高级烹饪学	√	√	3	容筱蕴
Principle of Home Economics	家政学原理	√	√	3	容筱蕴
Diet and Disease	膳食与疾病	√	√	3	谢文梅
Technic of Home Econ.	治家技术	√	√	3	陈佩兰
Home Decoration	家庭布置	√	√	2	余先生、郑国齐
Home Management	家庭管理	√	√	3	陈佩兰
Advanced Nutrition	高级营养学	√		3	谢文梅、鲁桂珍
Physiology	生理学(华大)	√		4	孟先生
Book Keeping	薄记学(华大)		√	3	
Reading in Nutrition	营养学群书博览	√		2	Shannon
Instadution Food Management	机关膳食管理	√	√	3	谢文梅
Practice Home Management	家庭管理实习	√	√	3	容筱蕴、陈佩兰
Thesis	毕业论文	√	√	2	

家政系必修课内容

黄燕华就读金陵家政系时的成绩单

1944年,家政系8人挽手走在校园,自然,随性。金女大新建立的家政系受到的喜爱,成为金女大除外文系、社会系外的第三大系。左起郭兆平、金淑妹、张丽锦、束喜多、蓉老师、高玉华、闫伯筠、何洁玉

1944年，在成都，家政系的同学们在上烘焙课

1944年，家政系的同学们在实习

黄燕华博士

1942年金陵家政系第一届毕业生学成了，一共四位。黄燕华是其中之一，并留校当助教，开始了她的教学生涯。

1946年夏天，抗战胜利后学校复员南京，家政系随校回南京的只有黄燕华。黄燕华是复员队长。到南京后有郑国齐女士、鲁桂珍博士参加了家政系的工作。1947年瑞玉得教授（Dr. Reed）从芝加哥来华担任家政系主任。

黄燕华回南京两年后，就申请奖学金出国学习了。为了凑齐所需费用，同学做了曲奇饼（cookies）去卖，她也因此得了个绰号叫"Cookie Girl"。1950年黄燕华在华盛顿大学念完硕士，想返校工作，吴贻芳校长打电话叫其继续念书，1954年她在密歇根州立大学获得营养学博士学位，后在俄勒冈州立大学和康奈尔大学从事研究工作，直到退休。她90岁以后依然坚持打网球，真可谓"健康寿星"。

搜寻黄燕华相关资料的过程中，远在巴西的董率真寄来了老照片。其中一张一寸的，并写下以下文字："Miss 黄燕华，1942家政系。她是我们1946在成都华西坝的女大排球教练。那一年，成都华西坝五大学女生排球赛，我们得了冠军，令一向称霸的燕京队很生气。当时金大男生义务为我们做啦啦队，'Ginling will shine today, Ginling will shine.'我们深觉风光。赛后Dr. 张芗兰请我们全体队员到小天竺街面馆吃面。"看来远在巴西的金陵校友也非常怀念黄燕华。

新剧种《复校南京》背后的故事
——黄燕华饰演程师母

黄燕华总是能勇挑重担,故事多多。金女大没有男生,什么力气活都是姑娘们自己扛。当年开始复原准备时,黄燕华一人拉起板车跑得快,戏称"板车姑娘"。回到南京,为了表现旅途的艰辛、突出南京留守人员的艰苦,排练混合杂剧《复校南京》,此剧又分配给黄燕华一项艰巨任务——在第一幕扮演"程师母"!

程师母可是金女大的功臣,是能随随便便演的吗?日寇侵犯南京,她不肯离开宁海路金陵校园一步,拒绝西迁,留守始终,忠心耿耿,大力帮助华群一起办难民营,是个英雄人物。1942年日本占领金陵校园,她被逐出,悄悄搬到马路对面一间小屋,紧盯校园情况,日本一投降,她赶紧第一时间搬回校园,四处奔走视察校舍损坏程度。在《复校南京》一剧中若不表演好程师母怎么行?但是有困难啊。

为了演好这个角色,黄燕华仔细观

黄燕华硕士毕业照

过了秦岭成了黄土人,右为黄燕华队长

黄燕华（后排左七）与金女大学生在华西坝自己种的菜地前

察、细心揣摩，还乘机偷偷溜进了程师母的房间，偷出了程师母的一套衣服，模仿她走路、说话的样子。她稍稍挺着肚子，双手前握，脚步放慢，表情严肃，一出场，果然活脱脱一个程师母。人人捧腹大笑，吴贻芳校长也实在忍不住，笑出声来。

本以为此举会惹得程师母不高兴，哪知道程师母反而对黄燕华特别好。好吃的东西都是双份，冰激凌也是双份。不但没有闯祸，还得到特别的眷顾，她心中真是乐不可支，更懂得了程师母内心的善良、宽厚，享受着这份无言的偏爱。

1946年,董率真的排球教练黄燕华

乘车图,后排右一黄燕华、左一张丽锦,前排中黄敏芝

"板车姑娘"黄燕华(左一),左二陈复和,左三夏郑安,左四小妹,左五夏慧安

金女大的体育教育和体育活动

金女大的体育教育和体育活动全国闻名。学校一贯重视体育，始终把注意力放在普遍提高学生体质这一点上。一、二年级每周有四节体育课，三、四年级每周有两节体育课。体育是必修课，不及格者不能毕业，如果缺课，必须在课外补满。每学期有指定的体育科目，如篮球、排球、曲棍球、网球、弓箭、田径等。每学年体检也很严格，由体育老师检查。

体育教师不仅教体育技术，对学生站立、走路、坐姿都很注意。学生的凹胸凸腹、弯腰驼背等不正确的姿势都需纠正。课余体育活动很多，每学期都有班级间的球类比赛、民间舞蹈表演等活动。每年冬季来临前要举行一次全校运动会，每年春季要举行一次室内外体育表演。

曾担任金女大体育系主任的张汇兰老师，一生曾获得5项"中国第一"：我国第一位女体育学博士；我国第一位女篮球裁判；全国高等体育院校的第一任女教务长；全国第一位获"国家体育荣誉奖章"的女教师；1986年，联合国教科文组织向她颁发了首次设立的"荣誉奖"——当时全世界只有三人获得该奖。

校友刘义馨（1947年社会系）回忆起母校的体育教学与活动时如数家珍。在成都时，一些教师暑假中到少数民族

张汇兰

中国国际艺术体操评委，金女大体育专科1950年毕业生，张素央（张治中将军之女），我国第一套广播体操示范人

地区，学了一些民间舞蹈，回校后教给学生。学校组织了许多项目的校队，并规定一人若有三个项目都是校队的项目时，发给一枚纪念章。刘义馨就得到了一枚。1943年11月12—15日，金女大24名学生组成代表队，参加四川省大中学生运动会，得了多项冠军，破三项成都纪录，200米接力破了全国纪录。

金女大每年还举行一次体态小姐（Miss Posture）评选，由陈璉采老师主持。通过这项评选活动激励同学们随时随地注意保持坐姿、立姿和行姿端正。"金女大学生走路都是教出来的"，的确如此。

金女大与柏林奥运会

说起1936年德国柏林奥运会，以及金女大颇具特色的体育教学，不能不提体育教师黄丽明，作为新式体育教学的领导者，她果敢创新，成果卓著。同时作为抗战期间金女大上海分校的负责人、明德女中的校长，她雷厉风行，满腔爱国热忱，一心为国，热爱学生，将她们视若己出。

1907年1月6日，黄丽明生于南京，祖籍广东花县。父亲黄朗山由教会送往德国留学，回国后在南京的德国领事馆工作。1906年黄郎山参与"农事试验所"，即万牲园（今北京动物园）的筹建。黄丽明出生五个月时，父亲染上了动物传染病与世长辞。黄家从此靠德国领事馆微薄的抚恤金生活。在开明进步的家庭气氛中，黄丽明从小就受到民主思想的熏陶，信奉基督教，富有同情心。

黄丽明从明德女中附属幼儿园、附属小学，直至1923年于南京基督教会办的基督女子中学（后改为中华女中）毕业。16岁那年，酷爱体育的黄丽明考进了金陵女子大学体育系，成为最早从国内大学体育系毕业的三位女性之一。吴贻芳校长对聪明活泼、爱好体育的黄丽明甚为欣赏。1927年毕业后，黄丽明留在本校担任助教，协助金女大的体育教学。两年后她申请到全额奖学金，赴享有盛名的美国威尔斯利女子学院体育系研究院学习，攻读硕士学位。

吴贻芳校长（后排右三）和凌佩芬（后排右四）、黄丽明（后排右二）、张素央（后排右一）为冠军队颁奖

金女大师生在 1936 年柏林奥运会上。前排左起黄丽明、吴贻芳、杜宇飞、崔亚兰,后排左起杜龙媛、张汇兰

1931年黄丽明取得硕士学位后，金女大校长吴贻芳急电其回国接任金女大体育系主任职位。她在岗位上忠于职守，热爱体育事业，主张一视同仁、有教无类。对于贫困的学生尤其关爱。

黄丽明教课认真，对美国盛行的自由体操颇有研究。她不拘泥于教材，结合舞蹈家邓肯首倡的现代舞，对自由体操的一套规范动作做了大胆而合理的改进，使之更富有旋律和节奏感，动作更加优美、轻盈。金女大1929级的学生吴柳瑞回忆说，当时我们的体育老师是凌佩芬，她的体育操真是有模有样，垫上运动灵巧如燕。当有人告诉我她还是篮球、排球、垒球及体操队员时，真是很高兴，也很意外。只可惜我没学两年，否则会有更多的受益。

当时，女子运动的风气在国内还没有普及，而在金女大的操场上，几乎天天都能看见穿着运动服的黄丽明，带领着一群女学生在草坪上打网球，做自由体操，练习跑步、跳远、单杠、双杠⋯⋯在黄丽明的引导和培育下，不少女生爱上了体育运动，有的还成了卓有成就的体育人才。她主持的金女大体育系即以自由体操、篮球和现代舞享誉国内，也受到欧美体育界人士的好评。

为了体育事业，黄丽明四处奔走，组织女子网球赛、篮球赛，设法筹集体育经费，鼓励学生从事体育锻炼，提高身体素质。1933年黄丽明与陈裕华（"中央大学"建筑系教授）喜结连理。那年，民国第五届运动会在南京举行，黄丽明已当选为民国体育协进会委员，她与郝更生、高梓夫妇，沈嗣良、马约翰、董守义等同行为办好这届运动会做出了很大的努力。

具有纪念意义的一幕到来了：1936年6月26日，上海招商局码头，一艘意大利邮轮即将起锚，100多人组成的中国奥运代表团将搭乘该船开赴威尼斯，旅途终点是德国柏林。这是中国第一次组团参加奥运会，共有69名参赛运动员，参加足球、篮球、田径、游泳、举重、拳击、自行车7个项目的比赛。另有11人是参加中国武术表演的，还有前去考察的体育官员36人。代表团中女运动员只有7人，分别是游泳选手杨秀琼、田径选手李森，以及5名国术（武术）运动员。黄丽明担任女子运动队副领队兼教练。

8月1日，第十一届奥运会开幕式在柏林中央体育场举行。黄丽明清楚地记得，开幕式上表演的节目，无论在道具或艺术上，在当时都可算得上世界一流。几千人的武士舞十分壮观整齐，芬兰的大型团体操也很精彩。中国代表团出场了，每个运动员穿着深色西装上衣，黄丽明高举大旗，大步走在队伍前面。

由于当时中国运动员水平比较差，加上旅途劳顿，体力不足，柏林奥运会上中国代表团的成绩并不理想。除撑竿跳选手符保卢以3.80米的成绩取得了复赛权，其他人都在初赛中即遭淘汰。但是奥运会给选手们的震撼是很大的。黄丽明还记得，女子跑步比赛时，李森跑了最后一名，当她跑到终点时，全场观众不约而同地鼓掌，为她坚韧不拔的精神欢呼。

运动会期间，在英国开会的吴贻芳校长特地赶来柏林观看运动会，和黄丽明一起，代表中国就女子体育教育与世界各国代表团交流学习。吴贻芳回忆，四位代表发言，三位都是金女大的。杜龙媛平日低调，但她在天津创办女子体育师范，做出很大贡献。杜宇飞（因为皮肤黑，外号茶叶蛋）在上海曹家渡创建上海女子体育师范，后来去台湾嘉义创建体育学校。崔亚兰后来接任金女大体育系主任。

值得一提的是，奥运会期间由11人组成的中国武术队进行了多次表演，双刀、对拳、太极拳等武艺令欧洲人看得目瞪口呆。在乐曲《满江红》的伴奏下，他们一路走过柏林、汉堡、法兰克福。奥运会结束后，中国武术队在欧洲还受到广泛邀请，到许多国家进行表演，受到了极大的欢迎。

1936年10月2日，黄丽明代表运动员在金女大为师生做了"赴德参观世界运动会"的报告。陈泳声详细记录了奥运会的进展、会场布置以及各国体育状况，并发表了20多张照片，反映了柏林华人欢迎中国代表团、开幕式中国队进场等场景。

凌佩芬、凌佩馨一家人

凌佩芬的母亲陈英梅1890年生于香港,1913年毕业于美国的韦尔斯利学院并获体育学士学位。

回国后,陈英梅成为我国第一位体育女教师。1928年,她应吴贻芳之邀执教于金陵女子文理学院,创办了体育系;还创办了体育简易科,一年制,培养小学体育教师;创办了体专,两年制,培养中学体育教师——为金女大搭建起了一个坚实的框架。

凌佩芬的父亲凌道扬获耶鲁大学林学硕士学位,他是中国获得该学位的第一人,是近代林业科学先驱。凌道扬是植树节的创始人,曾参与创建香港崇基学院,为后来的香港中文大学奠定了基石。今天,中文大学仍有"凌道扬花园"。后来凌道扬在金大任教,为工作方便,凌家就在金女大旁边的阴阳营盖了一座房子居住,因此一家人全都对金女大相当熟悉,参加过学校的各种活动。陈英梅与华群女士结为密友,华群女士对凌佩芬、凌佩馨姊妹也异常照顾。

1937年卢沟桥事变以后,日寇轰炸不止,凌家逃难到广州。1938年日寇对广州狂轰滥炸,陈英梅受伤不治,不到40岁英年早逝,留下了两儿两女。她的忠实学生和助教崔亚兰(1929—1940年任金女大体育系教师兼体育系主任)成了凌佩芬姐妹兄弟的继母。

1913年，陈英梅在美国韦尔斯利学院照片

1942年，在华群去世一周年之际，凌道扬等人在重庆发起设立"华群纪念基金"。抗战胜利后，1947年在南京金女大校园东南角，建立了华群纪念馆。由于学生人数剧增，纪念馆建成了金女大附中教学课堂的模式。

凌佩芬自香港真光女中毕业后，专攻体育，还一定要去母亲的母校金女大学体育。由于当时内地被封锁，黄丽明主任因为怀孕滞留上海，许多学习体育课的学生跟着黄丽明老师去了上海。上海沦陷后，金女大体育系搬到了日本人没有占据的上海租界。凌佩芬便前往上海就读金女大体育系，就是战时在上海成立的临时上海联合大学（Asian Christian College Association，ACCA）。1943年毕业后，她穿越日军封锁进入内地，到成都任金女大体育系助教数年，随校复员南京，继续教体育。期间她常常举办独舞会，创造性地将体育与舞蹈、音乐、诗歌、民间传说融合在一起改编成舞蹈。

后来，ACCA将大量表演的各国民间舞蹈拍成照片，提供给远在美国的姐妹学校，使之受到战时中国女子顽强坚持学习精神的鼓舞，在海外募集到捐款，有力地支持了抗战办学。

1947年，凌佩芬赴美国进修前，把教学法、书籍、参考资料、钥匙都交给了体育系三年级的一位叫萧嘉玲的学生。萧很争气，接过了教学任务。得到凌的真传，萧后来成为我国运动会大型体操的创始人。

在四川期间，凌佩芬等人进入凉山，深入山区访问彝族同胞，向她们学习了很多舞蹈。《白彝土风舞》也成了凌佩芬的保留节目。教学之外，她还常常举行个人独舞会。在成都，后来在南京，校刊和壁报上往往会刊有如下通知。

凌佩芬演出通知

1937年金女大体育系骨干教师合影,前排陈英梅主任(中)、黄丽明(左)、海格(右,美国老师);后排右起崔亚兰、杨效让、朱其昌(国术)、宋宏坦(右四)、陈越梅(右五)

金女大体育系师生在宿舍合影,前排右起:喜勋、邬鹤清、凌佩芬;前排左一为方文娟、左二为孙恩兰,中排右起为伍佩琪、龙襄文、谭翠英;后排右二起为黄丽明主任、陈元芝、孙征和、王汝珉、包庆恩等

1941年5月17日,学生们在上海联合大学（ACCA）表演现代舞

兴致勃勃、意犹未尽的凌佩芬在跳完五月花柱舞后在花柱前舒展身姿

凌佩芬女士将在大礼堂举行个人舞蹈表演会。

下月六日晚八时本校体育系凌佩芬女士将在大礼堂举行个人舞蹈表演会,节目有《最后一朵玫瑰》《送葬》《天魔舞》《白夷土风舞》《中国穆斯林进行曲》《送大哥》《美丽的盘舞》《望夫石》《海韵》等项。

凌佩芬表演的《望夫石》,让观众落泪。她把千里寻夫的孟姜女的一路艰辛表现得淋漓尽致,直到以巨大的悲伤哭倒长城,她化作一尊一动不动的望夫石像,永远地举着一只手,停止在手搭凉棚举目远眺、悲痛欲绝的动作上,感人肺腑。为她伴奏的王晴华回忆,一次在草地表演,王晴华用小风琴为她伴奏,为了配合好节奏,王一边弹,一边看。突然,音乐停了,舞者凌佩芬不能停下,只好一边做动作,一边轻轻地叫道:"王晴华,王晴华!"伴奏者半天才缓过神来,"哦,哦!"意识到自己已经被迷得魂飞魄散,完全走神了。她说:"你是不知道,实在太美了。"

1947年,凌佩芬考入美国史密斯大学,后成为20世纪50年代美国好莱坞著名中国籍演员。

笔者在采访凌佩芬时,为了便于查资料,问及她的英文名字,她一连讲几遍,我也记不下来。原因是,"我前后有三个爱人。我爱人的姓氏必须放在我自己的姓氏里"。她有一位搞歌剧的丈夫,她便协助他编舞。最后一位是作曲家丈夫,她一天到晚为他抄写乐谱。"建秋,抱歉,我的时间全部都献给了丈夫的事业,没有时

1943年化学系主修生与蔡路德老师（前排中）合影，前排左一为凌佩馨，二排左一为吴懋仪老师，左二为王侠飞，三排左一为梅若兰（后来金女院的副院长），二排右一为彭洪福（后来的高原神药发明人、将军）。这样一群志同道合的女儿，在战争硝烟的年代，努力致力于化学的学习和研究

义卖活动

1964年金女大校友聚会，凌道扬（前排右四）、崔亚兰（前排右五），何昌琪夫妇（后排左二、三）

间和精力记录自己编写的舞蹈了，也没时间为自己写东西"。这就是不计名利、美丽重情的佩芬。

她的妹妹凌佩馨性格与她不一样，从小就有故事。按照中国古老习俗，凌佩馨百日之时，家人为她举办"娃娃抓周探前程"活动，康有为先生顺手把戒指脱下，放在她视线之内。没想到她一把抓起来的就是康先生的那枚戒指，还获得康先生替她起的美丽名字——佩馨。大家一度很好奇，这个福娃将来会干什么，会喜欢些什么呢？

凌佩馨性格文静，为人低调，长大成了一名理工女，选择了化学事业，1943年考入金女大化学系，1946年毕业于成都的金女大化学系。

在校期间，佩馨积极参加抗日救国活动，把自己的贵重衣物捐出来进行校园义卖，笔者曾问过："那你们什么时候赎回来？"回答是："是义卖，别人买去了就

1973 年，在美国海外双年会上，核心组织者在校旗周围。前排左起为凌崇英、但功泰、陈琏采、王雨生、喻娴才，嫂嫂王安珍（三排右一）、哥哥凌宏璋（倒数第二排左二）

不能赎回来了。卖得的钱，捐给抗日前线。"不过，战乱中她机敏地把一本书挖了个洞，藏起了康有为的那枚戒指，保留了下来，还曾经在节日时拿出来戴一戴，很有温度，挺有感情。

1946年毕业后她留校任教，1947年赴美留学。1948年，佩馨获得美国马萨诸塞州大学（University of Massachusetts）化学硕士学位，1952年获得伊利诺斯大学生物化学博士学位，成为凌家第一位博士。

她曾著有一本自传《康有为的戒指——凌佩馨传》而为读者熟悉。后来戒指不知去向，但献身科学的她并不在意。

浓浓的金陵情，在凌家得以延伸，金女大校友常在这里聚会。

哥哥凌宏璋娶了金女大的王安珍女士，更联络和增强了金陵情。王安珍是奥运名将王延廷的女儿，美丽、端庄、热情。笔者有幸于2013年在纽约双年会上与她相见。

改革开放后，各项政策得到落实，1987年3月，金陵女子学院成立。凌佩芬、凌佩馨姐妹与兄弟凌宏璋、凌宏生一起代表家族，把落实政策后收回的南京房产和政府给的补偿金全部捐赠给了金陵女子学院。后来学院用这笔钱建造了一座楼房，一楼有一大间是"陈英梅体育馆"，还购买了体育器材，为发展金陵女子体育运动和体育教学出力，也以此纪念他们的母亲陈英梅——中国女子体育第一人。

金女大的体育与上海联合大学

人们都知道抗日战争期间，成都华西坝五所大学曾经联合办学，很少知道在上海租界区也有五所大学联合办学，称为 CCCA（中国教会学校联合会）。

战争时期特定的环境需要比和平时期更大胆的行为。1939年春，由基督教学院和大学校长出席的会议在香港举行，旨在共同讨论困难时期的未来发展问题。吴贻芳校长亲赴香港与江苏省其他四所教会大学联合开会，商讨设法在日本侵占中国时期，在上海公共租界地继续坚持办学。会议上圣约翰大学、沪江大学、苏州东吴大学、震旦女子文理学院及金女大合并成立了战时临时的上海联合大学（ACCA），开始了金陵女学生与圣约翰大学合作开展体育课程的计划。金陵体育系的主任黄丽明女士当时因怀孕滞留上海，在她的精心指导下，制订出切实可行的计划，为联合大学全体学生提供了体育方面的主修课程。黄丽明女士个人承担了五所大学的女子体育课教学。在战争硝烟包围之中，她用一个人的力量换取一个学校分校的地位（金女大的上海籍学生仍可以金女大的名义注册），黄丽明高尚的奉献、组织能力和无私尽数展现出来。

学校在1939年10月按时开学。在上海授课的教师有蔡路德、克馥兰、黄丽明、谢文秋，后来又有胡惜苍（1934

金女大上海联大体育系照片。前排左起凌佩芬、王明霞、喜勋、邬鹤琴、厉圣豪,二排左起 Mrs Berlin(舞蹈)、宋宏坦(教授田径、跳栏、童子军、垫上运动、打绳结)、黄丽明、陈元芝、王汝珉(教踢踏舞、排球、篮球)、华师母,三排左起龙襄文、黄一平、吴佩琪、包庆恩(教生理卫生)、孙征和(教土风舞和现代舞)、谭翠荣等

1947 年,高思聪(左三)班在表演 Maypole 舞蹈。每年春季都会在校内举行各种集体舞表演

级音乐系）等，后来 Alice Zhang 也加入了教师行列。此外，学生还在其他四所教会大学选课。

上海联大主要与圣约翰大学及沪江大学合作。当时日军已经占领了上海郊区，市区虽有"租界"这块招牌，但已成为孤岛。在上海上课像打游击，上一堂课换一个地方。金女大在"女青年会全国协会"借了几间房子作为授课地点，在圆明园路和沪江路租下房子做课堂。即便在那种情况下，金女大教学也从不马虎，对体育教学场地要求仍然十分严格。体育课对教室的地板和采光要求很高，虽然辛苦，一天上课要从一个地方跑到另一个地方，但效果很好。犹太老师 Mrs.Berlin 教踢踏舞、现代舞，同学们还记得她一边教探戈，一边喊口令，"Slow, quick; Slow, quick; Quick quick slow!"王汝珉老师在四川路海军青年会教排球和踢踏舞。学生去法租界（天

1940年，体育教师黄丽明利用上海租界的相对封闭，在南京沦陷以后继续开办金女大的体育系，克服困难，坚持教学。后排左起为喜勋、孙恩兰、X、黄丽明、陈元芝、林月珊、王汝勉；前排左起为方文慧、邬鹤琴、凌佩芬

主教）震旦大学上舞蹈课，再去南京路慈淑大楼（英租界）上理论课和武术。武术由上海精武会（霍元甲创办）的老师教授。

由于震旦大学比一般大学保守，还出现了一些小矛盾，很是有趣。震旦大学老师芳琼嬷嬷很凶，对学生要求严格，看不惯金女大女生露胳膊露腿，穿灯笼裤，连运动裤也不让穿。她见同学们汗流浃背跑进教室，就很不高兴地说："你们这群女孩子怎么这么野啊！"不让她们进去。后来她干脆在教室门上贴大字条"No Slacks in class"。没办法，同学们只好在进教室

金女大体育系与体专同学代表南京参加运动会

喜勋打篮球照

之前在外面套上一件旗袍。

　　各个不同地区汇集的报告表明，许多金女大学生确实做到了"在民族生死存亡之秋，勇赴国难"。当激烈的战斗和猛烈的轰炸在上海开始的时候，在1919级校友徐亦臻（金女大第一届毕业生）带领下，一群金女大校友，冒着生命危险，赶到一所急救医院，救助那里的50多个伤员。她们搜集床单被褥和医疗器皿，在以后的两个月里，不断向伤员提供医疗救助。金女大1937级刚毕业的朱月珊立刻在急救医院担任了秘书。

　　第一阶段的紧张局势暂时过去之后，大约15万流离失所、无家可归的难民涌入上海，急需得到救助。国难当头，金陵女儿勇上阵。上海红十字会领导人执行委员会的徐亦臻、金女大校友谢文秋（1937级）领导红十字会，为难民赶制、收集寒衣。校友都来帮忙，救济饥寒交迫的灾民。这个委员会的大部分行政工作和其他工作都由金女大的志愿者承担。据蔡路德记录，这一工作从挑选、分类、散发香港市民捐赠的71袋衣物开始。随着寒冷季节的到来，需要更多的衣物，几百名妇女参加了缝制外衣的工作。除了志愿者之外，还有一些难民受雇参与缝制外衣。在突击赶工

喜勋（前排中）与上海精武篮球队 1937

的时期，一天可以分出并缝制大约 2000 件衣服，最多的一天完成 6400 件。她们无私的奉献，让难民营的难民大大减轻了痛苦，感到了硝烟中的温情厚意。

除了金女大体育系在上海为体育教育做出重大贡献以外，金女大体育系毕业生继续传承金女大的开拓精神。个子高大、皮肤黝黑的杜宇飞是金女大 1931 届体育系毕业校友，毕业后在上海曹家渡创办了上海师范体育专科学校，为培养女子体育人才做出了杰出的贡献。虽然是专科学校，却完全按照金女大标准，重视体操、田径、球类的理论课，要求学生体育全面发展，有一整套完整的体育器械。抗战期间，在被迫搬迁后，学校就只剩一个球场了，然而即便这样也挡不住她们对体育运动的热情。

喜勋是金女大文理学院 1943 级体育系毕业生，毕生致力于体育教学、体操事业的发展，培养了一批批国家级、国际级裁判员、运动员和高级训练员，曾多次获得先进、"优秀三八红旗手"等表彰，获国务院颁发的"对高等教育做出特别贡献奖"证书。

抗战胜利后，杜宇飞去了台湾，在台湾嘉义市创办了嘉义女子体育师范学校。金女大体育系的喜勋把妹妹喜洁也带进上海女子师范体育专科学校。后来喜洁跟杜宇飞一起去台湾，在那里教授体育并照顾她的生活。只不过嘉义不同于上海，没有那么多的金女大体育系或专科的毕业生，办学很辛苦，但金女大"厚生"的精神一直被滋养和传承了下来。

南京篮球赛，金陵风采

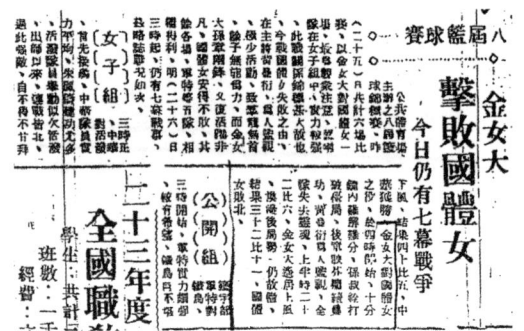

八届篮球赛

金女大击败国体女

今日仍有七幕战争

公共体育场主办之八届篮球锦标赛，昨（二十五）日共计六场比赛，以金女大对国体女一场，最为观众注意。国体女队在女子组中，实力较强，此战关系锦标，甚大敌也。今战国体女失败之由在主将背曼衍为人监视，极少活动，致群龙无首，其他人均无能为力。而金女大孙章两锋又复活跃非凡，国体女安得不败。其余各场军特第五队相继得胜，明（二十六日）三时起，仍有七幕战事，兹略志战况如此。

女子组

三时整，中华队对活跃队，首先接触，中华队员实力平均，朱丽俦建功尤多，活泼队员举动似欠活泼，出师以来，连战皆北，遇此强敌，自不得不甘拜下风，结果四十比五，中华获胜。金女大对国体女之役，于四时开始，十分钟内，难解难分。孙叔铨打破僵局，后章映芬继续建功，背曼衍为人监视，全队失去灵魂。上半时二十二比六，金女大遥居上风，换边后，局势一仍故继，结果三十二比十一，国体女败北。

花腔女高音歌唱家孙家馨 67 年艺术生涯音乐会

孙建秋

提起孙家馨，金女大的人都知道，那是金女大飞出的一只百灵鸟。她的歌喉唱遍世界各地。母校的培育使她非常感恩。因为金女大给她创造了美好优雅的音乐环境、与大师学习的条件和频繁演出的机会，能够多听、多看、多参加演出。除了每周的小型音乐会之外，金女大每遇到重大节庆和宗教节日时，都要举行音乐会，因此，孙家馨较早接触到了亨德尔《弥撒亚》等外国著名作曲家们的清唱剧，在演出这些优秀作品的同时，她的音乐修养也随之提高。经过刻苦努力、勤奋钻研，大学毕业时，她已经是一名优秀的花腔女高音了。

花腔女高音（Coloratura Soprano）是古典声乐中最兼具炫技与想象的艺术。穿插于旋律中的装饰音，是顺应词曲表情达意的需要，在关键处穿插无词的装饰音符，锦上添花。借由音程跨跳、上下行波浪音阶、重复音群的编排，以跳音、琶音、颤音、快速连唱等演出面貌呈现，或与唱词结合，搭配加花变奏等发展手法，表现出迂回、婉转、轻巧的韵味。经由巧转的歌喉唱出，透过歌手多彩的音色、语气与声调，增加听觉上的悦耳，进一步的艺术营造与情致推动，使乐曲歌曲便似画龙点睛般鲜活起来，言已尽而意无穷，声情并茂。

在 1950 年的毕业音乐会上，孙家馨演唱了中外经典作品，包括巴赫《虔诚歌颂》，佩尔戈莱西《牧人恋歌》，古诺

1950年，孙家馨（前排右一）毕业照

《歌唱，欢笑，憩息》，比才《我起誓没有什么阻拦我》（选自歌剧《卡门》），德利布《铃歌》（选自歌剧《拉克美》），格里格《太阳歌》，里姆斯基-科萨科夫《印度之歌》，岱拉古《乡村之歌》，中国作品《寄母亲》《红彩妹妹》《雨不洒花花不红》《小黄鹂鸟》。从这些不仅有抒情性，还具有戏剧性的作品中，可见她在作品的处理和理解上，在演唱风格和技巧上已较为成熟了。她的演出得到了各方面的赞赏，难怪金女大校长、中国女教育家吴贻芳给予她很高的评价："你是金陵女大30年来在歌唱方面成绩最突出的毕业生！"

2017年6月26日是个值得纪念的日子。是晚，李锦华、陈乃欣与我受邀出席了在北京音乐厅举行的一场特殊的音乐会，是为纪念孙家馨从艺67年。这是国家交响乐团合唱团与家属联合举办的，吸引了从海外回来的一批歌剧演唱家，如比利时的王铁民、美国的女高音歌唱家李青、在美国学习童声的刘珅等。国内的老艺术家，如男中音歌唱家刘秉义，女中音歌唱家罗天婵也参加了表演。罗天婵是我的偶像，风采依旧。当今声乐界的台柱胡波、张立平等也倾力献唱，真是让人陶醉。

想一想，从 1950 年到 2017 年已经过了 67 年。花腔女高音还能唱出花腔来吗？我心里想，这是一位伟大的歌唱家，尤其是她培养了那么多著名声乐家。今天即便放一段录音，或者录像，让人们回忆一下她当年的风采，就会很满足了。不料想，打开节目单，最后两个扣人心弦的重头戏："女声领唱与合唱""女声童声领唱与合唱"，领唱者名单中，孙家馨三个字赫然在目，真是令人激动又难以相信啊！

合唱节目很精彩，终于，大家最期盼的节目到了。我心跳不止。骄傲吧，第一领唱者，我们的金陵校友，1928 年生，1950 年毕业的孙家馨。这是优美至极的花腔女高音——那种古典声乐中最兼具炫技与想象的艺术，那种"表现出迂回、婉转、轻巧的韵味，经由巧转的歌喉唱出，透过歌手多彩的音色、语气与声调的艺术营造与亲炙推展了"。

第一首《牧场之家》(*Home on the Range*)，孙家馨身后站着第一排的歌唱家，是她的学生，后面还有好几十人的排列成数行的青年学员助威。16 岁的童声刘珅和孙家馨老师并排紧挨着站在舞台最前面，联合领唱。孙家馨身着银白色提花镂空演出服，大师风范，气场逼人，足蹬银色半高跟鞋，闪光熠熠，美丽端庄，风头强劲。此外，设计安排了多个声部，融合得非常自然柔和。开始时，是轻声的哼哼，我左顾右盼，太奇怪了，心想："这声音是从哪儿发出来的？"太美妙了。随着民歌合唱展开，眼前仿佛呈现出一片美国的乡间牧场，让人感到无比开阔和亲切。

第二首《燕子》就不用提了，那是由孙家馨最早填词的一支极难的曲目，由 Eva Dell'Acqua 作曲。唱到燕子飞翔到高音至高之处，16 岁的童声刘珅担当一部分。那晚我们三人作为嘉宾，坐在音乐厅的第三排，使我能够一边仔细盯着孙家馨老师的口型看，一边侧耳细听，那美妙婉转的花腔高音真的是从百灵鸟孙家馨老师口中悠扬飞出。我十分激动，敬佩不已，真功夫啊！

主持人介绍："今天是孙家馨老师 90 岁生日。"全场顿时一起用英语高唱 *Happy Birthday*。全是美声，我这才意识到，今天的观众非同一般，大多都是音乐界的，而且多是美声。生日歌变成了音乐

2017年6月26日，孙家馨在演唱

会的高潮，一束束鲜花送上，身后学员也举起手中的玫瑰，呈现出花的海洋。一片优雅，一片清香。

最后一个节目《饮酒歌》，左边是三位男高音，右边是三位女高音，寿星孙家馨老师坐在舞台中间，享受着人们举杯祝福的快乐。李锦华叹道："真是听觉的盛宴啊！"然后是大家上台合影。轮到北京校友理事会，我们事先已经代表北京金女大校友送了一只立式大花篮，然后走近照相、亲切交谈。后面很多人等得不耐烦了，他们不知道我们跟孙家馨的关系，催着问："怎么聊这么长时间？"没事儿！让他们等着吧！北京金女大校友，那是什么关系啊！我心里暗自高兴，有点得意。

音乐会后，有酒会。大家举着香槟，听着孙家馨老师的女儿董夔致简短的祝酒词，她感谢大家的支持和参与。孙家馨坐在一旁，享受着一批又一批音乐人和友人的祝福。幸福的时刻真令人难忘，令人羡慕。

回家后打开纪念册，我猜想，这里面一定是学生赞美老师的歌颂话语。没有想到，里面有孙家馨自己在金女大生活的回忆。"我的声音条件其实不怎么好""有半年都是站在教室外面'旁听'（那是偷学）"。她好学、执着的精神终于打动了黄友葵教授。后来她的三女儿，美国达特茅斯学院作曲系终身教授，起的名字就叫董夔，夔字音葵，就是为了纪念自己的恩师黄友葵，这是多么有情、有意、有才、有心、有毅力啊！这又是多么有水准、有温度、有意义的一次体验啊！我心里热乎乎的，心想，这就是金陵女儿。

孙家馨——灵动歌声、艺术人生

孙家馨，湖北宜昌人，1928年生于安徽芜湖，著名花腔女高音歌唱家，1946—1950年就读于金陵女子文理学院音乐系声乐专业，师从黄友葵教授，1950年毕业后到上海交响乐团工作，1981年赴意大利罗马深造，1983年回国，历任上海乐团独唱演员兼教员、中央乐团独唱演员兼教员、中央乐团社会音乐学院副院长。

黄友葵（1908—1990）生于湖南湘潭，中国女高音歌唱家，声乐教育家，被声乐界誉为四大女高音歌唱家之一。自幼学习音乐，1927年入苏州东吴大学学习生物，同时进修钢琴。1939年在昆明国立艺术专科学校任声乐教授，1940年在重庆国立音乐学院任声乐教授兼声乐系主任后，在金女大任教。中华人民共和国成立后任教于南京大学艺术系、南京师范学院音乐系、南京艺术学院，1979年任南京艺术学院副院长，当选为中国音乐家协会第三、四届常务理事，音协江苏分会主席，代表作《远望姐妮下田来》，著有《论歌唱艺术》。

1937年"七七"事变后，九岁的孙家馨随父母兄长举家迁到四川，中学便就读于同样因为战乱迁至四川的景海女中。孙家馨的父母都是长江流域诸省极富名望的医生，父亲酷爱京剧，母亲喜欢钢琴。受家庭的熏陶，家馨从小就喜欢

1947年，声乐泰斗黄友葵教授（右，金女大1927级毕业生）、倪振家（左）在音乐楼前

音乐，由于战时的动荡生活，买不到，也买不起钢琴，她就用不花钱的乐器——歌喉来实现自己对音乐的爱好。

1946年9月，孙家馨考入金女大音乐系声乐专业，由于嗓音条件不够理想，入大学时家馨只是试读声乐，如果没有发展，就只能转系，但对梦想的执着追求使家馨从未放弃任何学习音乐的机会。那时，每当黄友葵教授给别人上课时，家馨就站在门外旁听，细心揣摩跟着学习。半年过去了，黄教授被她的精神深深打动，终于同意收她为门生。在谈到当时跟黄友葵教授学习的情景时，孙家馨说："我的声音条件可以说是不好的，声音很细，唱歌有点像猫叫，音乐学校是不会要我的，因此我不敢报考音乐学院，我母亲担心我学不好，还说，别学唱歌了，你能靠唱歌找饭吃吗？生活没有保障。但是我自己很喜欢唱歌，我常常偷偷地去听张权大姐的表演，回来就自己摸索，后来投考金女大音乐系，也只捞了一个备取，那时黄先生正在金女大兼课。"

"我知道黄先生教学很有经验，就想尽办法转到黄先生的班上，黄先生善于根据每个学生的声音条件，采取各种方法来对症下药。不到三个月，我就能唱《燕子》了，都说名师出高徒，但还有一句师傅领进门，修行在个人。"不得不说，孙家馨如今的成就与她的努力修行和对自己理想的执着追求是分不开的。

孙家馨的独唱音乐会完美落幕。"我们金女大，前三十年后三十年没有这样的水平。"这是吴贻芳校长在听完演唱会后给孙家馨的评价，这不仅是对孙家馨演唱技巧与水平的肯定，也是对她不轻易放弃的精神的赞扬。想要成功，总少不了付出与努力，台上一分钟的背后，必有多年的勤学苦练和坚持。在孙家馨心目中，吴贻芳是一位善解人意的校长，她关心学生、平易近人，没有架子。孙家馨对音乐坚持不懈的勇气，很大程度上也来自于吴校长的支持和鼓励。

李凌曾听了孙家馨的格里埃尔《声乐协奏曲》，觉得她在克服歌者的通病方面做得相当成功。中国乐论有一条，即怕赶慢跑散，就是说歌者演唱的时候容易松散，畅快的东西容易存储，这是所有歌者常有的通病。李凌曾说这种大型的独唱曲，是很不容易表现的。第一，这首歌曲没有歌词，只靠音调来体现那么复杂的情感，展现苏联人民在卫国战争年代的英勇和对胜利的信念，是非常吃力的。第二，乐章那些圆舞曲形式的快速乐段、隔音与乐队音乐穿插进行，许多地方不仅音调繁复精深，变化万千，速度也特别急促，然而歌者还能稳定、清晰、从容地把它叙述出来，有些特别高的音调控制得很出色，创造出较好的境界。孙家馨之所以能有这样的造诣，在于她对花腔的歌唱技巧花了较多的心血，经过无数次的刻苦磨炼。

陶津：声乐和钢琴双专业

陶津，1926年生于北京，卢沟桥事变前去上海，1946—1950年就读于金陵女子文理学院音乐学院声乐系。1953年被中央乐团借调远赴罗马尼亚首都布加勒斯特参加世界青年联欢节，获得第二名好成绩。曾录制出版过《波兰圆舞曲》《农村姑娘云雀》，并给电影配音，包括《牡丹仙子》等个人作品。退休以后多次参加表演活动，在国内外重要合唱比赛中获得金奖。陶津深情地回忆了自己在金陵女子大学的求学经历。

金女大作为当时培养优秀女性的著名高等学府，以其独特的教学理念，先进的教学模式享誉中外。虽然距离毕业已经过去60多年，但学生时代的点点滴滴，陶津依然历历在目。她印象最深的是当时女生总是德智体美群全面发展，体育课在当时是必修科目，吴贻芳校长特别注重师资力量的质量，常常亲自上门聘请有名望的教授。陶津当时的体育老师，凌佩芬老师便是其中之一。凌老师的教学模式新颖别致，在入学后的体型周中，为了纠正许多学生不良的走路姿势，她放着音乐，让学生在窄窄的横木板上重复走，且要昂首挺胸。久而久之成效斐然，不少学生坦言，这样走的确好看多了，当时金女大的学生一看就和别人不一样，个个体态端庄，自信满满。虽然学生都是女生，篮球、排球、垒球、翻跟头等

金陵大学与金女大混声合唱团。合唱团每周都要进行严格的训练。前排左一陈咏、左三淘津、骆明仁、白露梅（Rose Butler）、薛民潋、方仁慧、肖嘉玲、叶惠芳；二排左起施贻荪（金陵大学经济系）、沈月娥、叶琼芳、陈敏庄、楼雪明、倪振家；后排左三林世传（金陵大学经济系）。白露梅是金女大音乐系系主任，兼合唱团指挥

项目都是每位学生必须完成的。由于陶津学习音乐常常需要弹钢琴，但打篮球对手指又有伤害，有时手肿得像萝卜，连钢琴都弹不了，即便这样，篮球课的学分仍需修完，可见学校对体育的重视。除了体育课之外，陶津还选择了一门英文课，本来以为语言类的课程会比较枯燥，没想到授课老师采用情景剧教学的方式，给每位学生分配角色进行表演，极其生动活泼。谈话间陶津不时会说几句英语，标准清晰的发音让人暗暗叹服。毕业后的陶津，在上海中西女中教音乐。受教学氛围的影响，她注重启发式教学，待人亲近随和，喜欢与学生打成一片。陶津仍然记得姐妹班的王韵芳校友，在文艺活动音乐会上婉转动人，形式多样的音乐表演，*May Pole Dance* 也叫五月花舞，在金女大也叫室外大型体育表演。舞会上载歌载舞，彩旗飘扬的场面都成了陶津弥足珍贵的回忆。金女大还注重加强与周边院校的联系，经常与金陵大学、"中央大学"举行联谊活动。

李锦华——金女大永远是我心中的一块宝地

李锦华1936年出生于苏州，1948年从青海女中毕业，考取金陵女子文理学院音乐系，主修钢琴，先后辅修声乐、音乐教育等课程。大三参加中国人民解放军，1988年退休后，担任过英语教师合唱团的负责人兼指挥。她一直在家开钢琴课，担任北京校友会会长。中学阶段，李锦华的钢琴弹得较好，跳舞也十分出色，什么都学。谈起金女大，李锦华认为，吴贻芳校长的教育思想相当先进，她很注重学生综合素质的全面发展，理科生必须要做实验，社会系学生必须做社会调查，音乐系学生，就经常开音乐会，每人都要上台表演。金女大附中、附小办学，为师范教育的大学生提供了实践基地。李锦华就是大二时在金女大附中完成了她大学中首次社会实践，做了音乐教师。大三这一年，抗美援朝，李锦华报名参战，最终被选，吴贻芳校长亲自为她送行。

以下摘自李锦华的自述。

1948年秋，我成为金女大音乐系一年级的学生。金女大是令人心驰神往的大学，音乐系是我梦寐以求的专业，吴贻芳更是我敬仰的长辈。

进入大学，一切都是新鲜的。三年级朱文曼成为我的姐姐，我的英语课编在B班，真是太幸运了，同班的有张清。

李锦华

当时每隔两周就要写一篇英语作文,还要读《简·爱》等原文小说并写读书笔记。英语教师是一位姓张的美丽的混血儿,她教得可真好。体育课每周有三四节,上课时都要换上上白下黑的服装,天暖时短衣短裤,天凉时长衣长裤。体育内容可真是太丰富了,有田径、垒球、排球、篮球、体操、舞蹈、垫上运动等。

  一进金女大的大门,左右相对有两座大楼,右边是图书馆,左边是音乐楼。音乐楼二层是大礼堂,一层是小礼堂、舞蹈室,还有许多小琴房是每天练琴、练唱的地方。一层和二层之间的假二层也有很多小房间,我学琵琶就在那里。楼下教师的琴房很大,放两架钢琴,一架由学生用,一架由教师示范、纠错或弹协奏曲时用。

虽然音乐系学生不多,但大多是精英。当时,系主任是英国人白露梅(Rosy May Butler),教师也都是资深人士。我记得的学生,四年级有鲍蕙荪,三年级有孙家馨、陶津、徐克之、倪振家、姚曼云、吴保珑;二年级有郑小瑛、华平、叶琼芳、杨道先等,我们一年级钢琴专业的有6人,除我外,我记得还有张伟华、徐祖丰。

从音乐楼往里走是一片特别大的草坪。围着草坪是一圈跑道。大草坪像一张硕大的青青地毯。课余时,我们就坐在草坪上读书、聊天、开小组会……或者就躺在上面,望着蓝天白云,浮想联翩,真是美极了,惬意极了。

学校还组织了好多体育运动,大家忙得不亦乐乎。我每天都徜徉在学习、运动之中,沉浸在生活的快乐之中。

可是,当时正值解放前夕,国民党政府发金圆券,经济一片混乱,物价飞涨,民不聊生。一年级下学期,音乐系学生都分散到其他学校借读,我就到家乡苏州的东吴大学借读。

1949年4月,南京和苏州都相继解放了。8月底,我又回到了金女大,学校里一片朝气蓬勃的新气象。音乐系也扩大

郑小瑛

了。我上二三年级时，来了很多新同学，记得有叶惠芳、方仁慧、朱荣芬、陈敏庄、王述、周元敏，还有专攻小提琴的谢宗昭。老师也新增了黄友葵、温可铮等著名声乐教师，白露梅、胡惜苍教钢琴，陈洪、谢锡恩教理论，曹安和教琵琶。后来又来了新的系主任李嘉禄。我们几乎每隔几天就有小的音乐演出，经常举行音乐会。我还记得孙家馨、陶津、徐克之的毕业音乐会，真是精彩极了。孙家馨的音乐会，倪振家伴奏，叶琼芳、华平同学弹了舒曼的钢琴二重奏《慢板与变曲》。徐克之的毕业音乐会上，谢宗昭拉了小提琴，我独唱了两首歌。我们还写了一些歌曲登在鲍蕙荞（已在电台工作）编辑的歌本上。

记得大礼堂还放映过一场纪录片，其中有吴贻芳校长去北京参加政协会议的镜头。开国大典时，我们都参加了游行，还扭起了秧歌。

我又交了许多新朋友，学校成立了新民主主义青年团，曹琬是我的入团介绍人，1949年11月我被批准为候补团员，一个月后我就提前转正了。

1950年，朝鲜战争爆发，国家号召青年学生参干，学校里很多人都报名了，我也报了名，有9人被批准，我被批准参加人民空军，离开了学校。

离开金女大已经60多年了，但在金女大的学习、生活那些人和事都一直镌刻在我脑中，金女大永远是我心中的一块宝地、福地。

叶惠芳：镌刻在黑白琴键上的人生历程

叶惠芳原籍福州，出生于上海，著名钢琴家、钢琴教育家，她是新中国培养的第一批钢琴演奏家，20世纪五六十年代活跃在我国乐坛上。1949年报考金陵女子文理学院，1952年提前毕业被分配至青岛一中教音乐，1952年调上海音乐学院担任钢琴系助教，1953年加盟上海交响乐团演奏b小调第一钢琴协奏曲，1954年被选拔到苏联来华音乐专家大师班学习，1957年奉调去中央音乐学院任教，1959年调南京艺术学院工作，"文化大革命"中，她弹奏的协奏曲《黄河》在南京人民大会堂等剧场连续公演37场。1991年应美国哈特福特大学邀请，赴美讲学。2000年曾举办过叶惠芳教授从教五十周年音乐会。

叶惠芳的父亲叶光普，人称福建才子，在国民政府供职；母亲黄兰玉是一位乐善好施的知识女性。四岁时母亲就请音乐专业的明珍教授教叶惠芳弹钢琴，叶惠芳悟性非常好，琴艺不断进步。1949年叶惠芳进入金女大学习，先后师从胡锡昌教授和李嘉禄教授。

叶惠芳在一篇《忆李嘉璐先生》的文章中写道，我发现他带来了先进的弹奏方法，概要地说就是靠人体本身的重量，通过肩臂肘手腕直至手指的第一关节，灌注到键盘上，从而通畅地控制音量、音色，使音乐与演奏者紧密地协调一致,这就是所谓的重量弹奏法。这种弹奏方法仿佛为我开辟了一个广阔的天地,很多技术问题都迎刃而解,弹出来的声音好听多了,也促使我开始思考并研究,如何真正深入地演奏钢琴。李先生在教学中不仅教学生钢琴的技能、音乐的内涵,还有意识地培养学生的毅力和创造力,为了学生的发展殚精竭虑。

叶惠芳被评论界认为是一个很有前途的人才,贺渌汀院长在家里专门约见叶惠芳,勉励她努力钻研,刻苦训练,再攀高峰,将来挑重担。1954年,苏联派遣的第一批音乐专家来华,莫斯科音乐学院钢琴家谢洛夫先生来到上海音乐学院,举办为期两年的大师班,叶惠芳被选拔到大师班学习。叶惠芳还单独跟随桑桐教授学习和声学,旁听李翠珍、吴乐怡教授的钢琴专业课,随后去中央音乐学院师从朱工一教授和第二批来华的苏联专家塔图良夫人,继续学习。

叶慧芳在其专著《钢琴家教指南》中,提出了钢琴家教三个标准:(1)对孩子要有爱心,要有认真的教学态度和责任感;(2)要有正确的教学方法;(3)要能示范弹奏。专业上,她总是与高于自己的人比,而人生际遇上却常与不如自己的人比。

叶慧芳晚年时,有房地产商投巨资,在南京江宁新区建造了一座拥有四百个座位的音乐厅,出于对叶慧芳教授的景仰,把这座艺术建筑冠名为叶慧芳音乐厅,这是社会对叶慧芳人品威望的代表性的褒奖。

钢琴教育家方仁慧

1923年方仁慧出生于上海，1949年入读金陵女子文理学院音乐系钢琴专业，1952年7月毕业，20世纪80年代移居美国，她的论文曾在国际学术会议上被宣讲，并被英国BBC广播公司向全球广播。方仁慧在美推广钢琴业余教育，所教学生连续六年获得地区赛第一名，2011年获得美国政府颁发的终身成就证书。

方仁慧认为金女大校风很好，充满学习的氛围，环境古朴优美，洋溢着书香气息，图书馆很安静，连吃饭也井然有序。

方仁慧回忆在校园里经常能碰到吴贻芳校长，吴校长都能亲切地叫出每个人的名字，还会亲切地询问大家的学习和生活。几十年后，方仁慧再次去探望年事已高的吴校长，一进门吴校长高兴地说，这不是方仁慧嘛，记得以前我常听你的钢琴演奏呢，棒极了。方仁慧还举了吴贻芳细心体贴的小例子，有的学生因为谈恋爱回宿舍晚了，便翻窗户进来，很不安全。吴校长知道后便在宿舍楼底下开辟了会客厅，并摆放些小点心，方便情侣们见面。

王述、王迪姐妹

王述,江苏常熟人。1950年考入金陵女子文理学院,1952年进入上海音乐学院钢琴系,1954年与中国男低音歌唱家温可铮喜结连理,她为温可铮伴奏,有力地支持了温可铮的演出和教学事业。温可铮教学有特色,强调拓展音域,受益者很多。1957年受聘为上海音乐学院声乐系教师及音乐指导。

其妹妹王迪金女大附中高中活跃校友,她后来当了医生。她回忆到:

2012年,金女院成立25周年纪念活动上。左起王述、笔者本人、王迪

1951年我在女大附中高中毕业后，进入上海第二医科大学学习。回想在金陵的二年中，我受到了很好的全方位教育，首先在理论知识、文化修养方面，老师教得很认真很尽责，给我的各门功课打下了良好的基础。其次在文娱体育方面，金陵更具特色，培养的学生全面发展，有健康的体魄，且能歌善舞，给我以后作为一个医生的枯燥生活中增添了很多美丽的色彩，让我随时回忆起都很激动，另外最重要的是在金陵"厚生"精神的熏陶下，我们那一代青年人学会了怎样做人，如何做一个正直勇敢的人，不论在什么地方，什么岗位，都能尽心尽力地做好工作，不辜负当年学校对我们的培养。我在1995年和2012年两次回校，每一次都感慨万分，一到聚会时大家都双手高举，相互拥抱，高唱 We Are from Ginling，充分享受团聚的喜悦。

金女中和金大在一个校园里，我们和金大共享一个校园，共用教师和设备，上音乐课在音乐楼，上体育课在体育的100号楼，上化学课和解剖课时在200号理科楼。

由于师资非常优秀，所有培养出的学生基础扎实，能够胜任以后的工作，学校还教会学生形成自己独特的风格和魅力。金陵校园南山树林鸟语花香，金陵食堂鱼儿游荡，果树上的果子随便采摘，生活充满阳光，王迪和张湘雅回忆，差不多每周都有小型的表演和音乐会，有大学的表演、专科的表演、室内音乐会等，陶冶心灵，提高了我们的素质，培养着我们的高雅气质。

鲍蕙荪——生命的华美乐章

鲍蕙荪（1927—2012），1949年毕业于金陵女子文理学院音乐系，1950年就职于南京市人民广播电台音乐组，1961年起就职于南京市第17中学，任副校长。曾任金女大南京校友会秘书长，金陵女子学院筹建小组成员，主编《永久的思念》和《金陵女儿》一、三两集，1985年获"江苏省优秀教育工作者"，全家1994年获"江苏省优秀教育世家"荣誉称号。

鲍蕙荪出生在一个高级知识分子家庭，父亲鲍国宝是我国电力工程的创始人之一，旧中国和新中国电力工程的杰出领导者，母亲陈斐君是毕业于杭州女子师范的小学校长。作为长女，鲍蕙荪从小受到良好的教育。战争期间她随着父母颠沛流离，频繁转学，但学习成绩始终突出。高中毕业后，她被两所大学录取，但是她却在决定未来时犯了难：是去"中央大学"医学院接受医学的严格培养，然后一辈子满怀热情地以精湛的医术去救人，还是进入金女大乘着音乐的翅膀去翱翔，给自己、同时也给别人带来美的享受。经过艰难抉择，最后她选择了金女大音乐系，但同时也在"中央大学"医学院保留了一年学籍。一年后，她对音乐殿堂的热切向往和金女大良好的学习生活环境，促使她选择留在了金女大。在金女大，她除了保持每门功课全优，更是恶补钢琴，每晚在竹

鲍蕙荪

林牛栏边对牛练琴,音乐系的教授们对她寄予厚望。南京解放不久,她从金女大音乐系毕业。南京市文联、前线歌舞团等单位都有让她去工作的意向,但是她选择了人手更为紧缺的南京市人民广播电台文艺组,从事策划、采访、教程录音等工作,还要为编辑"广播歌选"组稿、创作。她将在金女大学到的音乐知识运用得淋漓尽致,并发挥校学生自治会主席的才干,日夜奔忙,工作卓有成效,不久就被评为"江苏省优秀编辑"。广播合唱团不仅为电台的播音服务,还协助南京市不少中学培育音乐人才。当时的中学生后来有不少成了音乐界知名人士,刘若娥、常留柱、杨鸿年等都把鲍蕙荪看作启蒙老师,一直与她仍保持良好的关系,在她生日还通过邮局送来鲜花、贺电,半世纪的师生情谊让人感动。

她人生道路上的坎坷,也有过不公正的待遇。

但她追求真理、追求理想的生命之火没有熄灭,1961年她被重新分配到南京市郊的第17中学当音乐老师,又一次全身心投入工作,使学生的音乐水平全面提高,多次在文艺调演中获奖。

1978年,因工作需要她改教英语。她用在母校打下的基础,努力钻研英语教学,取得了显著成绩,并撰写了《巧记英语2000单词》一书。

1985年第一个教师节,鲍蕙荪被江苏省人民政府授予"江苏省优秀教育工作者"称号。1986年江苏省人民政府决定筹建金陵女子学院,作为金女大南京校友会秘书长的她为筹建小组五人之一。她全心全意投入金女院的筹建工作,为获得再生的母校立下汗马功劳。1994年教师节,江苏省教育工会鉴于她家三代人都从事教育事业,并在各自的岗位上

20世纪50年代。全家福，鲍蕙荪（二排左一），鲍蕙桥（二排右一）

取得的突出成绩，授予她家"江苏省优秀教育世家"称号。

金女大校友会多年来保持很强的凝聚力，除了常年的活动，举办年会等，还以纪念校长吴贻芳和欢度校庆等为中心，联系海内外校友，并出版交流思想和校友情况的刊物和书籍，鲍蕙荪主编了《永久的思念》一书和《金陵女儿》一、三两集，保存了珍贵的校史，得到校友的好评。

金女大合唱团

1926年，金女大合唱团合影

1932年，金女大合唱团合影

1933年,金女大合唱团合影

1934年,金女大合唱团合影

1945年,华西坝金女大合唱团(Glee Club)合影。团员来自各系,演出服装为浅蓝色布旗袍。一排(从左至右,教师)程文运坤、叶冷竹琴;二排徐志英(左二)、陈嘉佑(左三)、沈颂蔚(左五)、张宝芬(左六);三排黄淑华(左一)、张国英(左四)、孙德芳(左五)、但功泰(左六)、计瑞芳(左七);四排黄吟诗(左一)、高思聪(左四)、王家珍(左九)、王侠飞(左十)、林崇英(左十二)

小小合唱团

位于南京宁海路的幼儿园，设在金女大对面。南京被日寇占领八年，百姓苦难多多，幼儿教育被长期荒废。抗战胜利后，一切开始走向正轨，许多问题不能等。吴贻芳意识到儿童教育成了当时很重要、很急切的问题，为此，金女大开办了儿童福利所，幼童都是来自南京东瓜市、剑阁区一带的贫苦家庭。这些孩子过去没有机会受教育，更谈不上音乐教育。图片中可以看见福利所里，草地上的草还是一坨一坨的，设备也不齐全，唱歌时，为了排练效果，列出层次，后排小朋友站在自己的小椅子上，前排的孩子们只能站在水沟里，但条件的艰苦挡不住他们对音乐的热爱，对美好生活的向往。他们喜欢唱歌，十分认真、快乐。图中也可以看见多种多样的儿童的发型，有小辫辫、光光头、刘海头、一撮毛，真的十分可爱。由于全职人手不够，伴奏的老师是临时从苏州请来的师范专科毕业生。孩子们放声歌唱，孙明经很是感动，按下快门拍下了这张照片。

2013年10—11月,巴黎中国电影节,孙明经的纪实影片回顾展、摄影展同步举行。应观众要求,孙建秋(左一)在巴比伦大街的宝塔电影院为观众进行讲解。观众们对金女大儿童福利所"小小合唱团"的照片非常喜爱

1946年,小小合唱团在练习

第四章

巾帼精英

喻娴才：教育世家的榜样

一、喻父传鉴先生："公能"的教育楷模

喻娴才出身教育世家，父亲喻传鉴先生是天津南开中学第一届毕业生。南开的校训是"允公允能，日新月异"，由著名教育家严修和张伯苓所创。"允公"意为高瞻远瞩，正己教人，秉持大公，克服小我；"允能"意为兼有才能，德才兼备；"日新月异"意为积极创新，引领时代。这就是南开精神。1908年，经过四年的学习，喻传鉴以优异的成绩考入北京大学法学院，攻读经济。从北大毕业后，喻传鉴回到母校工作，担任英语教师并伴随在校长张伯苓左右，为南开的发展出谋划策。由于喻传鉴多年服务南开，张伯苓于1930年9月赞助他去美国哥伦比亚大学师范学院深造。1932年，喻传鉴获得教育学硕士学位之后，又受爱国将领吉鸿昌的邀请，到欧美各国游历，比较全面地考察了西方国家的教育体制及其运作情况。从欧美回国之后，喻传鉴被任命为南开中学部的教务主任，并担任大学部的教授。1933年，喻传鉴被张伯苓授以全权，出任南开中学主任。喻传鉴利用自己在欧美国家考察所得，对学校的课程设置、教材安排等进行大胆改革，极大地提高了南开的教学质量。

1936年冬，随着华北时局的紧张，张伯苓校长以为一旦有变，南开必不保，于是指派喻传鉴，赴重庆筹办南开中

喻娴才全家合影。前排右二为喻传鉴，南开大学的教务长

学分校南渝中学。喻传鉴仅用了七个月就完成了选址、购地、规划和建造等一系列繁重工作，可谓效率惊人。当南渝中学各项工作都步入轨道之后，他又回到了天津，默默地耕耘着。

1937年7月底，在日本侵略者将南开摧毁殆尽之后，喻传鉴不顾个人安危，掩护南开员工家属撤离，几经辗转，安全抵达重庆。在重庆工作期间，喻传鉴担任南开中学校长，兼任四川自贡蜀光中学校长。南渝中学因办学成绩优良，成立之后名声越来越大，捐款的人也很多，学校得以添建校舍，布置校园。加之学校生源好、升学率高，毕业生多升入高等学府。

抗战时期，东部沦陷，喻传鉴考虑到自贡盐场对政府抗战的贡献，在自贡开办了蜀光中学。喻传鉴深谙育人之法和育才之道，身担育人大义，处事得当高效，这正是南开"公能"精神在艰苦时刻的有力彰显！

抗日战争胜利之后，喻传鉴亲自主持了天津南开中学和南开女子中学的复校工作，此后复任重庆南开中学校长。可以说，喻传鉴的一生都贡献给了南开。

二、喻女娴才："厚生"的金陵女儿

喻娴才在六姐妹中排行老三，于1941年入金女大。当时的中国仍在饱受战乱之苦，金女大也正经历着最为动荡的艰难岁月，学校从南京迁到成都的华西坝已有三年之久。

华西坝有着秀丽怡人的自然风光，但是那里的办学条件却十分艰苦。这使娴才更为深刻地体验到了非常时期金女大师生顽强的生命力和任何困难都无法摧毁的"厚生"精神——以博爱之大道、广厚众生。金女大不仅能克服困难将教学进行得有声有色，还发动和领导学生通过各种方式造福于苦难中的社会。他们成立空袭救护队，设立乡村服务社、儿童福利试验所等机构，创造机会让学生将自己所学用于社会和民众。正是这些活动，使学生们充分体会到了实现自我价值的重要方式，就是贡献自我、服务社会大众。喻娴才从父亲那里继承下来"公能"的南开精神的种子在金女大"厚生"精神的培养下发芽、成长，在她的心里逐渐长成了一棵坚实的大树。

由于战乱期间的迁徙，金女大在图书资料方面受到重创。战后，在成都市政府的帮助下，学校从旧书商那里找回图书三万余册，继而需要完成对这些书的分类和编目的烦琐工作。但是当时很难找到一个受过图书馆专业训练的人，所以工作进展非常缓慢。目睹学校在图书管理方面的困难，喻娴才心里萌生了对图书馆专业的兴趣，并自己寻找机会选修这方面的课程。这一兴趣也奠定了她日后为联合国的图书资料工作服务35年的事业基础。

1956年在福特基金会的资助下，喻娴才赴美国哥伦比亚大学攻读图书馆专业硕士学位。1957年夏喻娴才学成后被调入联合国总部图书馆，每天忙于将种类繁杂的文件分类、登记，完成索引工作后复印交到参考咨询台备用。她头脑清晰，能用多种外语，编目迅速且便于检索。就这样，喻娴才在联合国总部图书馆一干就是35年，她勤恳、熟练的工作为联合国这个庞大的国际机构的正常运转做出了不可忽视的贡献。

三、南开"公能"与金陵"厚生"精神的秉持与传扬

改革开放后，旅美校友与南京母校的联系加深。1983年，南京相关部门向旅美校友发出"回来看看"的邀请。校友们去了南京，又来到北京与金陵校友团聚。喻娴才对母校怀有深厚的感情，虽然

1983年,喻娴才与金女大校友联欢(孙健三摄)

身在异国他乡,但她一直关心和支持着金陵女子学院的建设和发展。在1985年海外吴贻芳基金会成立后的数十年里,喻娴才连续不断地为金女院捐款,总数超过80万美元。1998年,喻娴才曾出资在金陵女子学院专为英语系师生设立"喻娴文奖学、奖教金",以纪念大姐、南开优秀英语教师喻娴文。2004年,她在亚洲基督教高等教育联合董事会(即"亚联董")专为金陵女子学院英语系设立了永久基金。2007年又设立了"喻娴才教师科研奖"基金。2010年、2011年又为金女院教师进修提供资金帮助。

除南京的金陵女子学院,她捐赠的对象还有台湾金女中、天津和重庆的南开中学。2009年9月,喻娴才与亲属捐资10万元人民币,设立"喻传鉴奖学金",用于奖励就读新蜀光中学(南开的系列学校之一)品学兼优、家庭困难的学生,扶助寒门学子顺利完成高中学业。

很久以来,捐款成为喻娴才报答母校、回馈社会的一种主要方式,这是她将

吴贻芳获母校密歇根大学"智慧女神奖",赴美领奖,金陵女儿们无比兴奋。喻娴才在后排左三;前排右一谢咸杰,左一邬静怡

喻娴才(二排右二)关心吴贻芳校长的研究。图为1995年喻娴才出席吴贻芳研究会,在海外校友捐助的金女院办公大楼前的留影,左边可见北京校友捐助的通向贻芳园的天桥——"北京桥"。一排右一为梅若兰,右二为王韵芳,右三为李振坤。二排左一为彭洪福,左三为甘克超,三排左一为鲍蕙荪,左三为李锦华

2013年纽约双年会上，南京金女中同学应广玲（左）、孙建秋（右）与喻娴才大姐（中）

父亲身上"公能"的南开精神和她本人"厚生"的金陵精神发扬光大的体现。喻娴才平时生活节俭，但是这些节俭不足以有效地赞助有益的项目，她想到用自己的智慧和头脑，投资股票和基金。教育，始终是她的首要任务，已经深深地融入了她的血液里。退休以后，她有较多的时间投资股票，了解金融市场，观察瞬息万变的股市，为自己需要的教育项目注资，一有机会便慷慨解囊。金女大永远以喻娴才——"公能"和"厚生"双重精神的传人为荣为傲！

对于喻娴才来说，捐钱也不容易。但捐钱也是一门学问，要靠智慧、知识和经验的积累。喻家六个姐妹，多从事教育工作，喻娴才对姐妹们说："你们安心搞教育，总得有人下海挣钱。那么，我来吧！"

当年，在天津的南开大学被日寇炸成一片废墟，十分惨烈，但这并没有震慑到南开的领导。于是，南开校领导决定西迁。但是去了西边吃住在哪里？怎么请老师？拿什么建教室？一系列的任务摆在张伯苓校长的面前。喻传鉴二话不说，接过教务的担子，从无到有，提早准备，光准备不够，还要准备好。他的前瞻性使南开大学和中学的教学在四川办得火热。

哪里有需要，哪里就有喻传鉴。教学质量放在第一位。张伯苓感动地说："咱们两人，我就是老叫花子。我到处去讨钱，你就去办教务。"而从小在听上一辈人的闲谈中长大的喻娴才懂得了"分工"的意义，她决定扮演"搞钱"的角色，一切为了教育事业。

何昌琪：不平凡的人生

何昌琪（Lily Ho）（1902—1972），金女大 1923 级同学。女儿回忆她"是个多面手，美丽、爽朗、活力四射，有一手好厨艺，是位辛勤的组织者，生动的演说家，把一生奉献给了家庭和慈善公益事业"。她优雅开朗，多次被邀请到各处演讲，在海外成为母校金女大和中华民族的一位优秀的形象代言人。而母校和祖国，正是她毕生最为牵挂的。

1902 年何昌琪出生于夏威夷，幼年就随父母迁居南京。父亲何英祥是著名的牙医，母亲李开辉也是医生。何昌琪家在南京板桥新村石板桥的一幢气派的新式洋房里，楼上家居，一层辟为牙科诊所。南京的政要、富商都来此就诊，蒋介石也曾来此看牙。由于父亲何英祥医生受美国平权主义的影响，对病人一视同仁，就连蒋介石也必须按顺序排队，一时传为佳话。

何昌琪在金女大主修音乐。金女大早期的国乐团里她就是扬琴演奏者。她们全班十位毕业生中有五位在金陵历史上都挺有名，她们是陈竹君、何昌琪、邬

何昌琪

何家在板桥新村住宅兼诊所

静怡、孙芝淑、魏修征，她们多数后来成为各地女子学校的教师或校长。在何昌琪的相册里，保存了她们在金女大早期绣花巷校园内的生活：嬉戏、采花、戴花的生活照四帧，这是珍贵而难得的记录。第一张就叫"师生情"，拍于1921年，还有去紫金山野餐的珍贵记录。何昌琪的妹妹何昌麟也毕业于金女大，是金女大1928级学生。

何昌琪对学校十分热爱，跟同学的关系也很亲密。郭美德（1929级，复旦大学教授），是她的至交。美德的父亲把美德过继给了没有子女的教育家郭秉文（东南大学校长）。金女大教育学老师华群、英语老师米德、化学老师蔡路德都成了何昌琪一生坚定服务社会的榜样。同班同学邬静怡（Blanche Wu）回忆说，我们班的格言就是"服务社会（Service）"，班级曾捐给母校一只大钟。何昌琪站在大钟旁边留有一张照片，几乎成为金女大形象的象征。从此以后，学校有重大活动，都以敲此钟为信号。

从金女大毕业后，何昌琪在南京中华女中教音乐。她与教数理的魏修征，以及去庐州府教数理的孙芝淑都是华群十分喜爱的学生。何昌琪1927年考入美国南加州大学深造音乐，在校园里邂逅帅气的关康才，两人遂于1929年回到南京完婚。经营一家名叫"Guan-Guan（关关）"的瓷器、景泰蓝、漆器古董商店。1950年，何昌琪到洛杉矶贝弗里山建造了自家有游泳池的豪宅。1965年的金女大双年会就在她家举行。何昌琪共有四个孩子，其中大女儿叫关锦陵，有向母校金陵致敬之意。

何昌琪关注母校的发展，1936年曾回南京为毕业生演讲，题目为：最近美国受高等教育女子之新趋向。还捐助一千美元为奖学基金。她身边的好几位好友，也一起成为美国援华会加州分会骨干。

1942年回到洛杉矶，何昌琪找到了支持祖国抗日的办法。那时美国"联合服

师生情,1921 年

何昌琪和大钟

1921 年,1923 级全体学生第一次在户外拍摄合影,还没来得及摆好姿势。这一级的学生入校前多是小学校长、教师。前排右一为何昌琪,后排右三为陈竹君,右五为邬静怡

1918年金陵女子国乐团。金陵地处江南，各位女子皆携带着喜爱的乐器入学。
后排持胡琴者为金女大美籍教师游英（Ewing）女士。前排者所持乐器自左至右分别为胡琴、八角琴、月琴、胡琴、扬琴、扬琴、芦笙、琵琶。后排者所持乐器自左至右分别为竹笛、竹笛、洞箫、芦笙、洞箫、洞箫、竹笛。八音齐奏，丝竹管弦，琴瑟箫笛，雅乐袅袅，合韵融融，是金陵校园里美的享受

务机构"成立，何昌琪组织妇女给在洛杉矶和圣地亚哥驻军的美军华裔士官们烹饪中国饭菜，以慰思乡之情。

后来为联合中国救援会（UCR）募捐，帮助国内的灾民。她奇思妙想地说服了洛杉矶一家百货公司提供临街的大玻璃展示橱窗，她让自己和朋友的孩子穿上中国服装，唱中国民歌，家长们站在商店门外摇着罐子，叮当作响，吸引捐款，效果非同一般。

何昌琪与加州中国抗战的援华会（United China Relief）邀请赛珍珠（Pearls. Buck）出面演讲，介绍中国，动员募捐。赛珍珠还是抗日援华会（United China

金女大同学到何昌琪家聚会合影

烹饪中国饭菜,后排右一为何昌琪,前排右四为食谱专家谢文秋

华裔美国兵到何昌琪家饭后花园留影

何昌琪的孩子穿上中国服装募捐

Relief）的发起人之一，担任董事，为援助中国抗战演讲四处寻找合适的机会。赛珍珠关于中国农村的小说《大地》1938年也刚获得诺贝尔奖，影响很大。这样一来，美国人都喜欢电影《大地》，也喜欢听赛珍珠演讲，募捐效果非凡。

现场还有金女大老同学相助，好友郭美德同学也在，场面更是生动。她们按照中国习俗贴上许多宣传画，墙的正当中，最重要的位置上贴上一副醒目的红色对联。上联为"中国抗"，下联为"战最先"。虽然不合乎中国对联韵律规则，但是合乎华侨们急切救国的心情。她们急于让美国公众知道，中国军民早已开始抗战，处境十分困难，急需更多支援。这些捐款有力地支持了中国的抗日战争。何昌琪她们的募捐则主要用于救助妇孺难民。

1944年何昌琪组织了洛杉矶华人妇女俱乐部，请晏阳初等中国学者和知名人士到俱乐部演讲，组织了慰问华人士兵活动，组织募捐，把华人妇女社团与更多的广大美国妇女社团联系在一起。1951年她成为国际妇女爱乐乐团委员会成员。1945年她被金尺基金会（Golden Rule Foundation）提名，获"年度母亲"称号和"年度最佳母亲奖"。1947年何昌琪又加入非欧裔国际妇女爱乐乐团委员会。

传记专家黄蓉评价金陵女儿时说："何昌琪代表了金陵女儿的特点。去过金陵，很喜欢那片土地。秦淮地方的儿女，多半给人温文尔雅、小家碧玉的感觉。这只是平常，她们圆润，她们不争，她们享受生活。非常时期，她们也一样迸发出震撼的力量。她们也许不是人人冲向前线，个个奋勇杀敌。但一点一滴，聚沙成塔，都是她们不懈的努力。抗战款项，大半来自海外捐款，这就是何昌琪代表的金陵女儿的气概吧。"

何昌琪于1972年病逝，享年70岁。一个成功的、双肩挑的女性忙碌而优雅地度过了自己有意义的不凡一生。

何昌琪英文名字Lily，有玉洁百合之意。人如其名。美丽、开朗、爱艺术、爱家、爱校、爱国的金陵女儿，永远是金陵校园的一个榜样。当她轻轻地离开时，她用泰戈尔的诗行向大家作最后的告别，希冀人们能够记住她。

我祈祷不为躲避危险，而是要无畏地面对，

我不祈求您止住我的疼痛，只求有一颗战胜疼痛的心。

我不求在人生的战场上找到同盟，而是去发现自身的力量，

不提心吊胆地渴求被拯救，而是耐心地主动去赢得自由。

只要不让我怯懦，

在我成功时会感受到您的慈爱，

在失败时请让我紧握您的双手。

上述诗句出自泰戈尔于1924年4月24日在南京东南大学所做的热情洋溢的演讲。何昌琪借用泰氏的诗行表达出了一位晚年受尽病痛折磨的坚毅女性的宣言。可以看出，20世纪20年代在南京的金陵校园的生活对何昌琪人生观形成的影响是巨大且深远的。同时，何昌琪积极进取的人生态度相信也会给读者以信心与力量。

擅长演讲的何昌琪

1938年,何昌琪(右六)邀请赛珍珠(右五)为募捐进行演讲

晏阳初（后排右二）参加妇女俱乐部活动，与何昌琪全家合影

海外校友在何昌琪（右二）家，左二徐亦臻（牛夫人），左三好莱坞影星邓如鸳

1952年，何昌琪寄发的圣诞卡

寻找章㛹——何处来仙子，慧眼顾愚痴

可曾见过有人用中国的五言乐府诗句译述莎士比亚戏剧故事？她就是二次入金陵的金陵女儿章㛹，她的国学功底深厚无比。

章㛹（1899—1973），杭州市仓前乡人，金陵女子大学毕业，特长是英文写作。10岁时，父亲章太炎参加革命被清廷追逐而流亡日本，她随父赴日。12岁归国，入教会学校专习英文。23岁进入金陵女子大学念书，先学化学，后转入文科。25岁与乐清朱镜宙结婚。婚后辍学入厦门女中教英文。抗日战争初期，她在上海第18伤兵医院、难民收容所参加各种救护工作。西迁后，1939年，她到四川华美女中任教，半年后到成都。1940年秋，她的18岁女儿朱人娴考入成都华西大学，她决心与女儿一起上大学，再次进入金陵女子大学深造，成绩出众。毕业后，1942—1945年，她在私立蜀光中学教书。抗战胜利后，她曾在西安圣路中学担任英文老师。1947年，章㛹随夫回温州，担任永嘉私立建国市级商业职业学校（即温州高商，温州七中前身）英文教师，后于1951年离校。章㛹还在安徽中学（杭六中前身）、弘道中学、瓯海中学（温州四中前身）等校执教，在历次政治运动中承受了不少压力，后于"文化大革命"期间去世。

章㡹

一、40 岁二入金陵的"章四工"

章㡹的父亲章太炎是一位才高八斗的国学大师、语言文字学家。他性格古怪，喜好冷僻生词。章太炎两个儿子的名字倒是易读——章导、章奇。四个女儿则都取怪名，连当时学者名流也读不出来。长女章㸚（音"丽"，意为"稀疏明朗的样子"）、二女章叕（音"卓"，"缀"的古字，意为"连缀"）、三女章㡹（音"展"，"展"的古字）、四女章㗊（音"吉"，雷的古字，意为众口），名字张扬个性，彰显章老学识。取名有独特的想法，声言谁要想娶他的女儿，前提就是会念出她们的名字。

结果不是很妙。前三个女儿长大成人，个个才识不凡，如花似玉，到了适婚年龄，但待字闺中，媒人怕不认得名字而丢丑不敢登门提亲，小伙子怕露怯也不敢前来交往。章太炎闻知此事后，在一次宴会上，似乎不经意地讲出了女儿们名字的念法和起名的意义，也取消了苛刻的嫁女标准。这样女儿的婚事才总算不至于因"不会念名字"而耽误。

章㡹就常因章太炎给她起的怪僻名字而带来尴尬。1940 年秋，章㡹考进从南京迁校到四川成都华西坝的金陵女子文理学院中文系三年级的插班生。当时，她已是中年妇女。回忆 1920 年开学第一天，班长向全班介绍新同学时，被她的名字难住了："章、章、章……"就是读不下去。后来，急中生智地说："她叫章四工，因为她的名字是四个工字。"章㡹立即站起来，笑眯眯地自我介绍说："我不叫章四工，我叫章㡹！这四个工字读展，从今天起大家就叫我章㡹好了。这个名字是我的父亲给我取的。"

二、乐府译莎翁（章珏金女大毕业论文）

章珏以深厚的国学功底，运用乐府五言诗，信手拈来，轻松地把六部英文莎剧故事化成中国古诗。读起来不仅朗朗上口，而且用词遣句十分考究、优美，尽显深厚功力。此处仅以《罗密欧与朱丽叶》第一页为例。

绝代有佳人，芳名朱丽叶，豆蔻好年华，艳泛笑蓉靥。

舞态引鸣禽，香风招粉蝶，惊鸿翩顾影，神光焕烨烨。

长养在深闺，葳蕤未有匹，阿父葛彪雷，富拟三槐秩。

全张贵门第，令德遐远溢。同里有世家，厥名毛泰祺。

朱论张华盖，豪放夸威仪，爱儿罗密欧，矫矫神龙姿。

才高惊俗子，邑间赞巍岐，壮志凌云汉，不偶浊胸脂。

茌苒年复年，未得慰相思。锥慕神仙女，难赋关雎诗。

二姓原世仇，白及每相施，尸骨积如山，怨气贯云霓。

阳春三四月，葛氏庆齐眉，华登耀霄殿，酒满玳瑁卮。

香溢芙蓉沼，霞生白玉墀，锵锵佩剑客，嫋嫋繡襦姬。

翩翩舞回风，婉婉歌新词。罗郎随众来，巧饰莫能窥。

踯躅复跼蹐……

以下将朱生豪译文与章珏译文《罗密欧与朱丽叶》首页进行对比评点。

朱：光明的天使！因为我在这夜色之中仰视着你，就像一个尘世的凡人，张大了出神的眼睛，瞻望着一个生着翅膀的天使，驾着白云缓缓地驰过了天空一样。

章珏：何处来仙子，慧眼顾愚痴。

释：仙子 =bright angel，光明的天使，a winged messenger of heaven 生着翅膀的天使。"仙子"是中华神话意象，有品德高尚、智慧非凡、纤尘不染、高雅脱俗、卓尔不群之象征意义，是来自天宫的具有非凡能力的女子，容颜姣好，端庄秀丽，清新精致。章珏简练地用"仙子"这一意象概念，精炼巧妙地把西洋文化中具有圣洁、善良、正直、出众的智力和巨大的能量的象征意义的意象"天使"消化翻译了。

顾 = being over my head 仰视。"顾"字是中华文言词汇，与"瞻"共同具有仰望、瞻视之意，泛指看、望（诗经中的《桧风．匪风》有"顾瞻周道"一句），用字精准而不失中华韵味。

慧眼 = the white-upturned wondering eyes 出神的眼睛。中华词汇中有"独具慧眼"一词，其中"慧眼"本是佛教用语，后泛指敏锐的眼力。在此，章珏把罗密欧对朱丽叶目不转睛且入神凝视以"慧眼"翻译，十分贴切，有送秋波的意味，不由得让读者联想起清代章回小说《花月痕》第二回"花神庙孤坟同洒泪，卢沟桥分道各扬镳"中所写的："只是人家宅眷，无心邂逅，消受他慧眼频频垂盼，已算是我荷生此生艳福。"

用佛教术语"愚痴"形容罗密欧坠入爱河情网而不自知更不自拔的鲁钝状态，忘却了周遭，有痴情郎的感觉。绝妙！

朱：瞧！她用纤手托住了脸，那姿态是多么美妙！啊，但愿我是那一只手上的手套，好让我亲一亲她脸上的香泽！

章珏：愿得亲玉手，慰我拳拳思。

释：拳拳 = 那一只手上的手套 a glove upon that hand。手套中华女性并不使用，手套也并非中华文学意象。"拳拳"喻情意恳切。用在这里真是一语双关、一语双喻。在情感上有深切的真挚的含义，在体态、形态上又与手有关联（《说文》有"拳，手也"，又按"张之为掌，卷之为拳"，于此颇为罗密欧难以按捺对朱丽叶流露之真爱的意思），而手套本身与手亦有关联，把"拳"，引申到手套，都是围绕着"手"的描写，真是独到的翻译！

朱：罗密欧啊，罗密欧！为什么你偏偏是罗密欧呢？否认你的父亲，抛弃你的姓名吧；也许你不愿意这样做，那么只要你宣誓做我的爱人，我也不愿再姓凯普莱特了。

章珏：嗟嗟罗密欧，奈何生敌家！私心期向首，堂上岂相赊？愿化为黄鹄，飞入君府衙，君若同妾心，携手奔天涯！

释：章珏在译文中并未涉及原文中男方否认父亲、抛弃父姓和女方放弃家姓的内容，而是巧妙地用"私心期白首，堂上岂相赊"（"我朱丽叶本心是期待与你罗郎白头到老的，难道我还需要奢求在婚堂之上正式举行婚礼拜堂成亲吗？"）的私下结婚和中华传统一飞千里、一去不返的"黄鹄"私奔意象（《商君书·画策》："黄鹄之飞，一举千里。"），绕过了中华宗法制度与礼法传统，恰当地译出了原文的精髓。

三、懂教英文的"章妈妈"——"振衣千仞岗，濯足万里流"

章珏家庭生活不幸。二女儿嫁的飞行员丈夫遇难，自己难产去世。大女儿当上空姐，于1948年飞机撞山遇难。章珏的丈夫因局势变化一直在台湾当居士。章珏把所有的爱都用在了教学上。始终乐观，始终爱生如子，始终热爱诗词。

1947年，章珏老师随夫回温州，担任永嘉私立建国高级商业职业学校（温州七中前身）英文教师，租住在鹿城蝉街喜牛坦九号（今温州大酒店附近）。在这里，她充分发挥了译写英文和教英文的特长。

《建国高商业纪念册1948》中，有一页介绍章珏老师："1925年，章珏老师毕业于金陵女子大学，为教育界老前辈。矮矮的身材，教授有方，观其仪表很严肃，然而内在却很慈善。极懂同学的心理，致使一般人皆慕而敬之。"左边是5月2日，章老师引用古诗作为"自强级同学有念"："振衣千仞岗，濯足万里流。"（西晋左思《咏史》句）听过章老师英文课的老师，对她的评价极高。纪念册中，有一页这样介绍章老师："章老师为教育界前辈，有很高的教学经验，而且有很好的教授法，对我们的英文功课没有一日放松过。我们这么差的英文程度，在先生热心指导下进步不少，可惜我们得到先生已是太晚。"下面是章老师用英文写的赠言："学会跟别人共劳动，同时要学会思考和判断。"

章老师也有不少得意门生。戴光梁同学勤奋学习，常常得到老师的赞许；1947年，卓乐雁荣获温州专区中等学校英语演讲比赛第一名；程家纯同学跟章老师相处很亲密，好像母女一样。

戴光梁（1925—2014），温州市永嘉县岩坦镇闪亢村人，是宋代著名文学家戴侗的后裔，著有《戴光梁选集》《楠溪历代诗话》《酬世诗文联语选》等。他中学时代曾师从于清师范科举生陈应如先生，中学毕业后到温州高商业求学，在那里师从章珏老师两年半。

章玨后排左二、钱瑛后排右二（钱瑛提供）

四、娓娓吟诵平水韵

章老师到温州后不久，她惊喜地发现温州方言有惊人的魅力。她意识到用温州方言吟唱古词将妙不可言。于是，她以古稀之年开始刻苦学习温州话。章玨用温州方言吟唱古诗，或豪放或婉约，将古诗的意境和韵律美演绎得淋漓尽致，也令同事们大为惊讶。章玨说，温州方言几乎每个字都符合"平水韵"，而平水韵是吟唱古诗的关键点。她还传授两大要诀：其一是"转气"，即在每句的第二和第四个字如遇仄声则转气，使得吟唱婉转流畅；第二是"诗言志"，每首诗都表达诗人情感，有些悲壮，有些婉约凄美，只有在理解诗意后融入自己的感情，方能吟出诗人之"志"。

什么叫平水韵？平水是个地名。"平水韵"是因其刊行者宋末平水人刘渊而得名。平水韵依据唐人用韵情况，把汉字划分成 106 个韵部，其中平声 30 韵（上平 15 韵）、上声 29 韵、去声 30 韵、入声 17 韵）。温州方言很好地保留了许多韵。

她的入门弟子戴忠梁能吟诵上千首，如"清平调""阳关三叠"等。章玨为中华诗词的吟诵流传做出了杰出的贡献。而金女大校园无疑是她最早开始吟诵的地方。

金女大校友毕业时的"级友描述"对章玨的描述是："最感兴趣的是读词唱戏和吃糖。那不仅因为糖是代表文化的，而且她相信只有懂吃糖的人，才会懂得为什么要同这个塞满了酸苦的人生斗争了。"

为抗战捐躯的鲁美音

"无数星辰在广阔无垠的蓝黑色夜幕中闪烁,缓缓地,夜空渐渐地泛起明净的白光,月儿悄悄地潜入视线:柔光流溢,宛如仙境。尔后,一幕更为壮丽的景观映入眼帘,太阳在重云中喷薄而出,如同七彩皂泡中升起的一只红色圆盘。美得让人喘不过气来,此等美景,不是地面上的人可以享受到的。"

这是26岁的鲁美音女士在《西风》杂志里记叙她第一次夜间飞行经历的一段文字。她是中国的第一位女空乘,娇小、美丽、活泼,金女大医预二年,北平协和医学院护理学毕业。她执着于用文字来对身边美好事物的刻画,但其人生旅途却在1940年10月戛然而止。鲁美音女士和那些生活在地面上的人一样,被剥夺了畅享天空自然美景的机会。因为在10月29日这天,"曾经见到《西风》所描绘的美景的那双饱含深情的双目永远地闭上了,不再睁开。"

鲁美音当年就读的金女大设在六朝古都南京城里静谧的随园:碧绿如茵的草地,金碧辉煌、琉璃瓦顶的校舍,碧波荡漾的明湖水,鸟语花香的校园。美音是金女大中文系的学生,喜欢文学创作。1935年金女大20周年校庆时学校出版的人文文集,刊出她的诗歌和散文,文字生动,视角新颖,

鲁美音

颇受欢迎。

然而，种种美好随着日寇铁蹄践踏我祖国河山而破碎。鲁美音坚定的人生目标是用自己的智慧和能力去帮助别人，她决定弃文从医！到北京协和医学院完成了护理专业的学习，美音成了一名合格医护人员。然而，当中航公司开始招募空乘时，她知道空乘更是战时的需要。笃定信念，要上蓝天！

此时，骄横的日寇已侵占东南亚，越南失陷，滇越铁路中断，中缅公路就成了中国与外部世界联系的唯一的运输通道，中国政府在国外购买和国际援助的战略物资通过这条公路源源不断地输入境内。作为当时国内唯一的通往外界的生命补给线——中缅公路，关系着国家的生死存亡。

许许多多公路桥梁建设的工程技术专家，通过中美航空公司（中国注资51%，美国注资49%的民航公司）香港—成都—昆明—缅甸这条航线，往来穿梭。然而，由于飞机的正驾驶由美国飞行员担任，急需懂中英文的空乘人员，看到了这些，鲁美音，作为金女大学生，决定秉承救国之志，弃医从事空乘工作，加入了"重庆号"客机的行列！这意味着她要面临巨大的风险。这条临时开辟的航线，试验的性质浓厚，除去突兀而起的高山、变幻莫测的气流这些"隐形杀手"，日机从缅甸机场起飞的突然截机和地面高射炮的猛烈轰击更是运输人员的"梦魇"，机毁人亡的事时有发生。运送任务随时可能半途终结。"重庆号"客机可敬、可爱的机组人员及乘客

图为 1940 年 10 月 29 日，飞机遭日军轰击，空乘鲁美音遇难悼念

知道随时在和"死神"较量着、撕扯着，此刻，生命是如此脆弱。

鲁美音的到来，带给大家一片阳光和温暖，抚平了机上乘客心中的那份焦虑。她是诗人，一边飞行，一边欣赏窗外的景色，并写下一篇《天空的美景》，述说着普通人没法欣赏到的奇异美景。文若其人，她的欣赏能力和表达能力激发着乘客和读者。她的丈夫是中缅公路的工程师，曾与她一起飞跃过这条危险的航线，也一起欣赏过美丽而神秘的夜空。

不难想象，危险的飞行、过度的劳累，让机组人员吃了不少苦，更不用说娇小的鲁美音。繁重的任务一度让美音病倒，她曾写过辞呈，想重新拾起手中的笔，记述战争的故事。辞呈获批后，她在香港二姐鲁淑音家里休息养病。

一日，电话铃响了，有紧急任务，请求美音再帮一次忙。家人劝阻无用，需要就是命令！她匆匆告别二姐，头也不回，挥挥手说声"明晚见!",带着金陵女儿那份坚毅和勇敢,再次奔赴岗位。她来了,使紧急战时飞行的乘客心情十分愉快。

1940年10月29日,美音最后一次飞行任务结束。有"狐狸"绰号的机长肯尼技术娴熟,在空中幸运躲过敌机拦截,安全降落在云南机场,任务完成,一切均好。万万没有想到的是,当时有四架日军飞机再次袭来,发动机的轰鸣声盖过机场人员的呼喊声,敌机俯冲着,向降落在机场的飞机扫射。敌机前面的黑管不是机枪,而是杀伤力极强的20mm机炮,喷射出邪恶的火焰,溅起的烟尘刹那间将半个机场笼罩。

此时,鲁美音已经走出机舱。然而,看到日机呼啸而来,意识到可能有人没出机舱会受到伤害,她一个转身,又冲向机舱,用掌握的医术去包扎救助……在那一刻,她想到的只是抢救伤员。但敌机罪恶的子弹击穿了飞机钢板,鲁美音倒在了血泊之中,重伤不治。她尽到了一位空乘人员、一位医护人员的责任,年仅32岁。由于机长肯尼和机组人员同时遇难,没人能具体描述当时飞机在飞行和降落时的详情,但两位幸存者对于美音的勇敢和果断印象极为深刻。危急关头,她冲回机舱的高尚之举让人永世不忘。

鲁美音以实际行动诠释了"厚生"校训的真谛,告诉我们人生的目的不是仅为自己活着,而是用自己的智慧和能力去帮助别人,造福社会。这样,一个人的生命才能得以丰富,才有意义。

鲁美音的事迹传遍大江南北,在香港、上海、云南、重庆等地先后为她举行了6次隆重的追悼会,《大公报》出了社论,《西风》杂志出了专刊,追忆巾帼英雄的不朽事迹。社会各界反响强烈,鲁美音的名字赫然镌刻在南京航空烈士陵园的航空英雄纪念墙上,提醒后人,铭记英烈,报效祖国。

鲁氏姐妹中,美音大姐鲁琴音是南京汇文小学校长,抗日战争时西迁至四川,因难产刚刚在成都去世。逝者已矣,生者如斯。为了纪念自己的亲姐妹,同为金陵女儿(1928级)的二姐鲁淑英,在金女大设立了"鲁氏姐妹论文奖学金",用美音美丽的文字和壮烈的行动激励金女大学子努力奋斗。在抗战时期的四川,帮助过不少有志的金陵女儿。

法国文学家托马斯·布朗曾说过:"你

无法延长生命的长度，却可以把握它的宽度；无法预知生命的外延，却可以丰富它的内涵；无法把握生命的量，却可以提升它的质。"鲁美音的生命虽然短暂，但她在有限的生命里做出了超越常人的举动，弃文从医、弃医从事航空工作，她不断试着去扩展它的宽度、丰富它的内涵、提升它的品质。这些行为让有限的生命放射出无限的光芒，照耀着、滋养着、激励着后来者。这不仅是自我成长、自我完善、自我发展的需要，更是国家富强、民族兴旺、社会进步的需要！

注：2008年孙建秋编辑《金陵女大》第一本画传时就查到鲁美音在"重庆号"遇难的简讯，感动不已，想编入书中，但苦于当时资料缺乏，误以为"重庆号"是轮船。没有联想到空战，而且根本查不到相关资料。事实上，美国道格拉斯公司从来就没有生产过"重庆号"飞机，十分令人不解。原来，1938年中航公司的"桂林号"客机被五架日机包围击落。机敏的机长伍德滑向广东中山一带珠江的浅水区域，潜入水底，成功逃生。中航公司的飞机当时已被打得所剩无几，只好把百孔千疮遍体鳞伤的"桂林号"打捞上来，重新修整一番，担心乘客不敢乘坐坠机，害怕不吉利，遂改称"重庆号"。这就是美音牺牲时的那架飞机。

烽火俪人黄正

黄正，笔名美之（1930—2014），旅美作家，出生于湖南长沙，南京金女大历史系肄业。母亲（吴家瑛）是中国史上第一位女议员。1949年初到台湾时，黄正曾短期任抗日名将孙立人将军英文秘书。1950年，她与姐姐黄珏以"泄露军机"罪名，双双入狱，在牢中度过10年。她出狱后曾任复兴电台编辑，台湾"内政部"国际劳工组职员。1963年，黄正与美籍外交官傅礼士结婚。1960年后开始文学创作，著有游记《八千里路云和月》、短篇小说《流转》、散文集《伤痕》等。

一、年轻岁月

旅美学者明凤英曾经对黄正有过一次深入的采访，从中看到黄正对民国时期大学校园的回忆。

黄正回忆起金女大时说："那真是年轻大学生的黄金时代。日本人好像也没有炸到成都去，大家都穿得漂漂亮亮，骑个脚踏车，很好看。那时候真是不一样。我是抗战胜利以后啊，才有机会去看看。我姐姐当时正进入金女大，我去看过她一次，好大一片地方。华西大学校园很美，地方很大，上海医学院也在那里，和华西医学院合并。1989年秋天，我跟我姐姐又回去看了一次，可是已经整个不一样了。"

金女大四美图,阳光下的金女大四好友,左起黄珏、张莉、石映珩、郝秀真

黄正自己设计剪裁缝纫的网球服

年轻美丽的黄正

黄正（左）与姐姐黄珏

"当时我们金女大的女生差不多都有男朋友。一下课，就有男生站在门口等。我们跳舞，还蛮会打扮的，那时我们已扎马尾，在学校穿平底鞋，出去就穿高跟鞋。后来南京乱了，不能读书了。"

"我们这一代真正是在内外战争中成长的，养成了吃苦耐劳的精神，也有了一种及时行乐的悠然，因为那个时代真正变化莫测，也看不到未来会是什么。至少我是糊糊涂涂不闻不问地过那年轻人天真无邪的快乐日子，我认识的同学都是这样。"

"我们穿父母装，穿长裤，觉得很时髦，裤子也做得比较窄一点，合身一点。我们学校对面，就有裁缝店。我们自己买布，随便买。裁缝做衣服也不贵。我看电影上美国女人，打网球穿短上衣，腹部露出来一点，下面短裤子，很好看。我家里有缝纫机，妈妈的布料很多。我就学着自己做了一件，还很合身。衣服上面是圆领子，三个大白扣子，布料是草莓红的颜色，红色没有那么深。我穿出来给我妈妈看，她说：'哎呀，你不要吓死人。'但我们女大的很多学生都穿这种衣服打网球，或晒太阳、出去爬山。"

二、十年冤狱

黄氏姐妹是1950年被判刑的,而孙立人将军直至1955年8月才被以"阴谋发动政变"罪名,革职软禁。黄正曾听保安司令部两位处长说:"因为两位长官不和,所以我们受牵连。"那是指蒋经国与孙立人有矛盾。1950年蒋经国打电话叫黄正去"问话"时,她还以为正好可以去台北玩玩。万万没想到的是,一去不复返,她立马被关押判刑。其表面原因是有一名"中央社"记者被查出是苏联间谍,黄氏姐妹正认识这人,被诬陷"泄露军机"。

《烽火俪人》的封面照片

三、狱后的生活

那时候刚从牢里出来,黄正和姐姐还不敢单独跑到台北去。在新店,黄正觉得好快乐。她认识了一个空军太太,那时在学做头发和化妆,找黄正做模特,做好了头发,大家都说好看。那天黄正刚好穿了旗袍,在路上看见一个很小的照相馆,就跑进去照了一张照片。这就是《烽火俪人》的封面照片。

左起:孙建秋、石映珩、黄正

后来黄正和她的美国先生结婚。先生从事美国政府的粮食救济工作。

2013 年，在纽约金女大旅美加双年会上，笔者遇到黄正女士，她虽青春容颜不再，但风采依旧。她答应赠书给笔者，可惜两年之后校友再聚，她已离世，斯人已故，不由黯然。

很多人忍不住问，她们姐妹俩怎么长得如此美丽？原来她们的外祖母有阿拉伯血统，是流落到湖南的波斯商人的后代。谜团总算得以揭晓了。现在美丽的黄氏两姐妹都走了，但她们的美丽和故事却流芳于世。女人的智慧、深度和雍容，只有在面对人生苦难的关头，才看得见。

金桂万里珍——中华科技的弘扬者鲁桂珍

鲁桂珍（1904—1991），祖籍湖北，出身于中医世家，父亲鲁茂庭（字仕国）是著名药商。1926年鲁桂珍毕业于金女大生物系。抗日战争中，她的未婚夫战死沙场。当时鲁桂珍年逾而立，遇此剧痛，遂断念于婚姻，拟远走海外留学，这一想法获得其父支持。鲁茂庭是位思想开通又有声望的药商，精通中国传统医药，坚信中医药对人类健康的贡献绝不在西药之下。这个信念，后来由其女儿带到国外。

1937年，33岁的鲁桂珍在剑桥大学就读，在李约瑟所在的剑桥大学霍普金斯实验室攻读营养学博士，师从多萝西·李约瑟（Dorothy M. Needham）。二战期间，鲁桂珍移居美国。1945年，她加入了李约瑟的工作中，在重庆担任营养顾问。1948年移居巴黎，在联合国教科文组织的自然科学秘书处任职。著有《天体柳叶刀：针灸艾灸的原理和历史》（剑桥大学出版社，1980年）、《中国的科学和文明》（《物理与物理技术》第4卷第三部分，剑桥大学出版社，1971年）、《Spagyrical发现和发明：生理炼金术》（《化学与化工技术剑桥》卷五，剑桥大学出版社，1983年）、《韩国天文仪器及钟表：1380年至1780年》（剑桥大学出版社）。剑桥大学的冈维尔与凯斯学院设立了以鲁桂珍命名的历史科学奖学金。

鲁桂珍

鲁桂珍在剑桥与李约瑟夫妇的交往中，李约瑟明显感觉到她与其他两位中国同事的智力和能力出众，就产生疑问：既然如此，那为什么现代科学的产生是在欧洲，而不是在中国？李约瑟将自己的疑问在一次午餐时告诉了鲁桂珍。鲁桂珍当即感到一种羞辱，回答道："请问您对我们中国了解多少？您凭什么断言中国在科学方面没什么成就？在古代中国，许多科学和文化方面的成就都远远超过西方，而且有些发明诸如造纸和火药，至今都对世界文明产生作用！"李约瑟没想到自己的随口一问会惹怒鲁桂珍，他从未听到过这样的论辩，而且深受启发，从此便不懈地向鲁桂珍请教汉语，慢慢地开始能读中文书籍。李约瑟深感有必要将诸如《梦溪笔谈》等古籍中揭示的科技成就载入世界科技史册，于是有了写一部《中国科学技术史》的想法。在鲁桂珍等的帮助下，李约瑟开始研究大量的中国古籍。他感叹于中国古代和中古时期的科学成就的辉煌，而且还找机会到中国实地考察，寻找更多的研究资料。

1946—1947 年，鲁桂珍回到金女大教家政系义教一年，与母校再续缘分。

后来"李约瑟之谜"（又称"李约瑟问题"或"李约瑟难题"）的提出正是源于李约瑟与鲁桂珍对于中国古代科技史的多次探讨。1954 年，《中国科学技术史》第一卷导论问世。在书的扉页上，李约瑟郑重写下了："谨以本卷敬献给南京药商鲁仕国。"1957 年鲁桂珍定居剑桥，开始了中国古代科技史的研究，帮助李约瑟完成了《中国科学技术史》一书，主要负责该书第四卷土木工程、水利工程和航海技术分册及第五卷化学与炼丹术分册，参与撰写有关医学、植物学等分册。

从 1985 年起，鲁桂珍 7 次陪同李约瑟访华，使李约瑟对中国的社会思想、各地文化和风土人情有了基本的认识，并将

1946年，鲁桂珍（左二）回校任教。朱觉芳（左一）此时也在母校任教，徐亦臻（右一）此时担任联合国妇女地位委员会中国代表，经常为母校募捐资金而四处奔波

每次的新发现均写入书中。其实，在开始，李约瑟和鲁桂珍只是计划写一本《中国科学技术史》，不曾料想一发不可收，写成了7卷30多分册的巨著。

科技史界将他们数十年的成果称为是"荣誉归李约瑟，功劳在鲁桂珍"。鲁桂珍自己说，李约瑟是连接中英两国文明的桥梁，而自己是桥梁的支柱，是她帮助李约瑟深入、具体地了解中国。妻子年迈病逝后，1989年李约瑟与鲁桂珍结为伉俪。

李葆真：从丫鬟之女到南洋名媛

李葆真1936年进入金女大学习，是笔者孙建秋母亲吕锦瑗的同班同学，他的母亲是江苏淮安一家大户人家的丫鬟。她母亲因家穷被卖到大户人家时，才17岁，不幸被地主占有，几年后生下了李葆真。这个地主与3个老婆育有10个孩子，8个儿子2个女儿，大多养尊处优、没有什么出息，只有李葆真勤勤恳恳考上了金女大，主修文学，辅修英语专业，为母亲争了口气。

李葆真在就读金女大期间为了看望病危的母亲，欠下40元路费，这让她萌生了翻译还债的心念。她将《波利安娜》(*Phollyanna*)的一、二章译出，偷偷寄给上海商务印书馆的总经理王云五，还将译书的动机和希望写成一封情真意切的信寄给了他。从此李葆真踏上了翻译之路，先后共译成了十几本书。

抗战期间，一位金女大姓姚的同学介绍李葆真及其母亲去了新加坡，就住在青年会。隔壁住着郁达夫。郁达夫和妻子经常吵架，李葆真的母亲出来劝架，谈吐不俗，总能缓和他们的矛盾。20世纪40年代，李葆真在金女大，法语学得特别好，并没有什么机会施展，但是她到了南洋后，就发现她的法语特别有用。当时，新加坡恰逢以徐悲鸿为首的艺术家聚集在一起搞沙龙活动，彼此之间用法语交谈，而李葆真

1936年，李葆真毕业照

李葆真与母亲

既懂英语又懂法语，在圈子里很受欢迎。

徐悲鸿的《珍妮姑娘》拍卖，曾轰动一时，记者记录出席名单里就有"南洋名媛李葆真"。

李葆真不仅外表美丽，还有清脆悦耳的声音和干练利索的行事风格。二战期间，在新加坡的广播电台做华语广播员，后来新加坡被日寇占领，他们的广播电台转到了印度的加尔各答。李葆真头脑特别清晰，总是能及时地、即兴地翻译新闻并进行报道。那时中国人所听到的华语广播就是李葆真从英语电台翻译过来的，及时有效地传达了战事信息。

后来当地一家英国人办的 M.B.C 马来西亚广播电台又把她请去做播音员，主要工作就是每天把英文稿件翻译成中文，然后再用中文广播出去。

在日军开始进攻东南亚，新加坡沦陷，电台撤往印度时，负责运输的轮船受深海炸弹重创不能行驶，虽然三条救援船很快就到了，却是一大一小，大船比较平稳，小船颠簸，船长宣布让妇孺乘大船。李葆真却主动说："船长，我不会晕船，我愿意乘小船。"随之上了小游艇"白天鹅号"。为躲避激烈轰炸，三只船分三个方向引开敌人。大船上的绝大多数人最终被迫返回了新加坡，"白天鹅号"逃过灭顶之灾。李葆真经过7天的艰险航行，平

1935年，李葆真（前排右二）等在校庆时合影

李葆真在印度

南洋名媛李葆真

安抵达印尼的巴达维亚（今雅加达），再到新德里报到。

1949年以后，李葆真由于她的南洋等海外经历被打成"反革命"，没有工作，她就翻译一些文学作品，并在上海乍浦路桥边的书摊上出售古代小说。李葆真除了做一些户籍工作，每天晚上帮母亲洗完脚，都会在床上给母亲和女儿念一些小说故事，不想却吸引了周围的小朋友。"李先生开讲了"在当时上海弄堂里不胫而走。

李葆真译著有《王子与贫儿》《一个旧式的姑娘》《银冰鞋》等。

后来，李葆真在上海的家就成了金女大的聚会场所。在上海，一群很有趣味的老太太，她们常常互相祝寿，

十朵绽放的美丽玫瑰，摄于上海李葆真家。前排左起施葆贞、查子秀。后排左起计瑞兰、朱瑞珠、盖都一、李葆真、龙襄文、张琼碧、王应安、孙恩兰

乐观开朗的李葆真活到了102岁。

晚年的李葆真回忆起金女大，这样描述："金女大是我游遍大半个世界之后认为最美丽也最富魅力的地方。它依山傍水，远离尘嚣；四季有常新的花草树木，年年吸收来自八方的巾帼精英；它有古式建筑，也有近代设备；它追求真善美，实践信望爱。说它是人间天堂，毫不过分。"

斯人虽已远去，人们依然会想起她从印度加尔各答电台播报欧洲战场的清脆嘹亮的声音，萦绕耳边，不绝如缕……

谢文秋

谢文秋是金女大 1924 年生物学学士，1925—1926 年留校任教，获得美国韦尔斯利女子大学卫生体育系的学历证书后回国，1928—1934 年担任金女大体育系主任。她一直关注着体育、健康与饮食。

妹妹谢文梅、谢文息都是金女大的毕业生，谢文梅 1931 年毕业，1940—1943 年在金女大教授化学和卫生。谢文息 1937 年毕业，1946—1948 年在金女大教体育。

谢文秋因为丈夫的外交官身份，早期接触外国人士较多。为了使他们了解中国菜，谢文秋注意交流、观察，努力寻找简洁易行的烹饪方法。她于 1962 年出版了畅销书《中式烹饪的乐趣》，成为第一个使中式菜谱受到美国人喜爱的烹饪学老师。她还在烹饪教学中联系一些中国历史来讲述，例如中国饮茶文化的起源，还有中式菜之所以要切成薄片或细丝、细丁是因为中国历史上燃料严重匮乏，把菜切碎才能速熟。她还解析川菜、湘菜、粤菜以及闽菜的不同特点（当时美国人还没有充分认识到这些），从而向中国饮食爱好者展现了中国丰富的地域特色。此外，谢文秋还上电台、电视，向美国和欧洲的人们讲授中式烹饪。中式菜逐渐在美国深受欢迎，对她的中式菜谱汇编集有着较大的需求。于是，她在 1975 年又撰写了另一本烹饪书《朱夫人的烹饪学校》。作为

1920年,谢文秋在金女大老校园

1944年,何昌琪(左)、谢文秋(中)合影

烹饪教学家以及文化使者的她,在美国人心目中芳名长驻。《纽约时报》赫赫有名的餐饮作家 Craig Claiborne 尊称 Grace(谢文秋的英文名字)为"中式烹饪教学的老前辈",并补充道:"大概没有一个人,至少在纽约历史上,像女士这样尽心尽力地让美国公众了解其本国的饮食文化。"中式菜肴的制作常以"少许"等模糊性描述为主要特征,但谢文秋却能用量化的标准向西洋推广中式菜肴,很好地起到了沟通中西餐饮文化的作用。

在美国留学期间,谢文秋曾与梁实秋、冰心等同台演出《琵琶记》,梁实秋饰演蔡中郎,谢文秋饰演赵五娘,冰心饰演牛小姐,顾一樵饰演牛丞相。谢文秋与梁实秋搭档对手戏,连冰心都甘当配角,一时传为佳话。

谢文秋在美期间一度担任了金女大校友会会长。1985年,金女大建校70周年的校友会上,谢文秋力挺严莲韵、梅若兰等校友为金女大复校做的努力,为1987年在南京师范大学开设的金陵女子学院专科(英语)募集了基金,为后来1995年金女院重新落成奠定了基础。

谢衡：素雅的中华外交使者

1944年谢衡在华西坝金陵女子文理学院主修英文，一年后奔赴解放区参加革命。谢衡是著名外交家胡定一的夫人，中华人民共和国成立后，胡定一任我国驻英、美等国大使，谢衡辅助胡定一并为他的外交事业起到了不可或缺的作用。在那时的诸多外交场合中，人们常常能看到谢衡的身影，她以开朗、素雅的风格，加上一口流利的英语，巧妙地运用许多生动活泼的方式，向西方世界传递着中华故事和中华民俗，很好地弘扬了中华文化。

1985年谢衡的丈夫胡定一被任命为驻英大使，他们要去白金汉宫递交国书。英国人很注意礼节和传统，特别是对女王。递交国书也有特定的程序和注意事项。如递交完国书退场时，不能转身背向女王退场，而要面向女王后退着走。按照英国传统礼仪安排，谢衡在最后面，坐在一辆使馆豪华轿车里，而胡定一和其他几个使馆高级男外交官坐在由王室提供的大马车里，走在前面，以表示英国传统仪式的威严。车队一过，大街上走着的英国人停步注视，知道这是进白金汉宫的车队。

1986年10月，英国女王伊丽莎白二世访华，在国际上引起很大反响。谢衡与丈夫专门回国准备迎接并陪同访问。女王在中国访问期间，谢衡陪同女王游览了中国的建筑奇

1050年，谢衡与胡定一结婚照

迹——万里长城。在长城，女王被中国的历史伟绩所震撼，不轻易让人照相的她专门让人给她拍照留念。

金女大在艺术、音乐等方面对她的熏陶，以及对文化艺术的特殊感受力，使谢衡特别注重推动文化交流，以此促进国家间外交关系的发展。胡定一在旧金山任领事期间，谢衡策划了国画、风筝、彩灯、汉画像砖等展出，还协助组织国内剧团在美国演出。为了使美国人民更加了解中国，她联系国内片源、筹资购买电视频道，"华声电视"终于问世。

金女大的"全人教育"使她在工作中除了维护国家利益外，更有一层朋友关系在其中。她以真诚可靠赢得新的朋友，更赢得国际友人对中国人的肯定。作为当时为数不多的女性外交官，她既肩负着参与开拓中华文明走出去的重大使命，同时也注重女性的角色，深谙女性的不易及其不可小觑的影响力。曾多次联系女性议员推动中美友好城市的建立，并在英国与贵族女性建立了较为亲密的联系，留下了中国同英、美等国交往生动而深刻的外交影像。

谢衡、胡定一递交国书

谢衡（前排右一）陪伴英国女王游长城，后排右一为英国外长豪夫人

20世纪80年代，英国女王在白金汉宫与中国驻英大使胡定一及夫人谢衡

1979年，中国在旧金山成立领事馆，胡定一担任首任领事，受到旧金山市长范因斯坦的热情接待

毛彦文：慈爱巾帼

毛彦文（1898—1999），出生于浙江省江山县一个乡绅之家，7岁入家塾启蒙，1920年以浙江省第一名考入北京女子高等师范学校英文系，并参加了当时的新文化运动。1922年，被推选为女权运动同盟会浙江支会临时主席，在这里遇见了英文系的吴贻芳与徐亦蓁两位教师（均为金女大首届毕业生），二位的人品和师德使毛彦文对金女大心生敬仰。1922年，她转学至南京绣花巷的金陵女子大学。

入金女大先得上预科，补齐课程后再分到二年级。毛彦文第二堂英文课即碰上每月一次的英语俱乐部会议。美国老师游英（Miss Ewing）教授为了推广英语辩论赛、强化学生思辨和表达力，开会程序全用英语。辩论需先推选一位临时主席，有人提议毛彦文担任主席，立刻有人附议，并获全票通过。提名人是胖乎乎的章㺲——国学大师章太炎的女儿。毛彦文从无用英语主持会议的经历，这使她非常狼狈，含泪上台，心生愤怒，觉得是"老生欺新生"，决心报复，后来她跑到章㺲寝室门口要其出来论理。这个新生颇有个性的举动让章㺲很高兴，二人遂成了好友。毛彦文喜欢挑战、大胆表达意见的性格伴随了她的一生。

金女大校规很严，一星期中只有星期六下午一至六时，可以外出。周日上午列队点名去礼拜堂做礼拜。毛彦文周末与未婚夫朱君毅晤面只能安排在每星期六下午，二人聚少离多，导致朱君毅移情别恋，最终二人于1924年解除婚约。两人自幼开始的"20多年的恋情"至此中断，毛彦文受伤至深，好在班级同学关爱慰藉不少，略抚哀伤。

1925级在金女大是个人才辈出的年级，同学之间颇多往来，出了不少名人，包括班长刘颖保（即后来金陵大学魏学仁的妻子，上图前排左一者）。同班鲍富年留在了金女大，担任注册与排课老师，她记得每一位同学，甚至两堂课之间的教室距离也为学生选课细致考虑。

毕业后毛彦文赴美国密歇根大学攻读教育行政与社会学，两年后获教育学硕士学位。她到欧洲游历，与当时在欧洲游学的吴宓一同回国。毛彦文的智慧与文学修养深深吸引了吴宓，使吴宓心生爱慕，他们之间曾有过感情纠葛，但最终没能走到一起。回国后，毛彦文任暨南大学、复旦

金女大1925级学生集体照（前排左一刘颖保、前排右二刘恩兰、二排右二毛彦文、三排右一鲍富年）

大学教育系教授。

1935年2月，传出毛彦文与熊希龄的婚讯，天津《大公报》捷足先登，发表并不完全准确的"新郎六十六，新娘三十三"的趣味报道。二人婚礼轰动上海滩。婚后两人相亲相爱，年龄丝毫不是两人间的代沟，共同的志向使他们情投意合。毛彦文担任了丈夫办的香山慈幼院院长的职务。幸福生活未久，日寇侵犯，各地的慈幼院遭到轰炸。身为红十字会会长的丈夫工作繁忙，奔走各地，南下湖南、

金女大的三位国大代表。左起：刘恩兰、毛彦文、刘宝英

1937年7月,香山慈幼院开办的地毯厂(孙明经摄)。孩子们正用毛线为挂毯绣花,制作出来的挂毯、地毯销路很好,这使得孩子们能够自立解决生活问题

香港等地处理问题。未料在香港,熊先生突然病逝,这段以争议开始却颇为美满的"奇缘",以如此刻骨铭心的方式结束了。丈夫离世时,毛彦文未满四十岁。但她对熊氏的感情,并未因熊氏的离去而消逝,反而愈加炽烈。她继承熊氏慈善事业,艰难打理香山慈幼院。

1947年,毛彦文当选北平市参议员,同年11月当选国民大会代表,参政议政很是得力。上图为金女大的三位国大代表,她们以"杰出妇女"当选。

毛彦文还热心金女大北平校友会事务,曾担任北平校友会理事长。大家喜欢跟她聊天,经常在毛彦文西城石驸马大街的府上聚会。毛彦文关切母校事务,聚会每每亲自置办茶点,热情待客。

毛彦文就这样奔走于香山慈幼院与石驸马大街的府第之间。慈幼院收留的多是英烈子女与贫幼孤儿。慈幼院采用四合院形式,每院一位老师当妈妈,孩子们在一起学习文化知识和一门生产技能。这能够让他们有一技之长,毕业后能独立生存。慈幼院的孩子们一般从14岁到16岁就开始独立生活。毛彦文深切意识到对于孩子来说,爱的教育之重要性。申办工厂的地址多是北京荒废的王府或贝勒府,保持了香山慈幼院一贯的四合院风格,香山慈幼院开办的地毯厂就是一例。笔者孙建秋的父亲孙明经1937年6月在抗战前夕开始万里猎影,他到北京后曾去过香山慈幼院参观。他在给我母亲写的一封信中说道,"院里每一个教师负责教十个左右的孩子,住在一个院内,孩子们自然地就是兄弟姐妹,教师自然地就是母亲。'教养卫'完全合一。他们有公共的礼堂、课室、游艺室、图书馆。图书馆的职员都由小朋友们自己兼任。"这充分表现出了慈幼院在教学法、管理法、爱心教育等方面为呵护这些少年心灵而做的细腻工作和严谨态度。

香山慈幼院曾经历危机,一位名人夫人希望将属于香山慈幼院的香山饭店改为墓地。如成事实,则慈幼院经费来源立成问题。(香山饭店以经营盈余所得补助香山慈幼院的开支)。当时北平市市长刘瑶章、市议会议长许惠东及其他人相继来访,施以压力,甚至威胁。如不答应,将请国府命令征用。情势逼人之下,毛彦文果断召开董事会,采纳了胡适之先生的提议,在香山饭店内留一大房间,挂上某元老照片,为其家属春秋祭奠休息之所。一间房屋换得整个慈幼院的生存，足见其机智果断，以巧妙的方式平息了墓地危机。

毛彦文曾担任金女大北平校友会会长，1948年一则小消息记录了当年在她家召开校友会的情况：

北平分会原定于7月6日下午在西城石驸马大街毛彦文会长府上开会，哪知是日天气突变，阴云密布，有如深夜，加以倾盆大雨接踵而至！当陈国瑜、余和鸾二位到达毛府时，除风声雨声外一切静寂，两人相顾，深觉多此一行。正谈论间，毛彦文会长已出迎客，而连任文书的杜荣三女士亦冒雨而入！虽然是衣履尽湿，但为在座的带来不少热烈的气氛！后前会长杨茂如夫人亦冒雨赶到，可见各职员对母校关怀的殷切。

末了，会长将她早间亲自到东城所购买的精致糕点，拿出飨客，把我们吃得"五饱六足"！（所以我特地向各位报告，不然恐怕不得消化哩！）

余和鸾寄自北平

自熊氏离世后，毛彦文没有再婚，漫长的60余年她靠丈夫熊希龄留下的温暖记忆和潇洒字画度过余生。她文采出众，却从不写诗词歌赋，直到90岁高龄时才写下了一本回忆录《往事》，记下了她一生的故事和一些放不下的记忆，语气平和，娓娓道来，有些不过是琐事，有的却惊心动魄。一个坚强的女子一生经历跌宕起伏，但念念不忘的依然是香山慈幼院的孤儿。在以后的日子里，她欣慰地收到过他们的来信，有的成了国家栋梁之材，有的组成了幸福美满的家庭。后来在台北期间，她也曾参加金女大校友聚会，接受过如高梓等校友的访问。1999年毛彦文在台北逝世，享年101岁。

胡秀英——中医的弘扬者

她致力于中国植物的研究，在国际上享有盛誉。

她被誉为"会走路的植物百科全书"。

她有"凉茶专家"和"百草婆婆"之称。

1908年农历正月十五元宵节，胡秀英生于江苏省北部徐州农村，兄姐中已有3人死于脐风（即新生儿破伤风），父亲冒雪跑到外面的村镇，买了防脐风的中草药（车前草）给她服用，她便活了下来。自此，胡秀英就与中医结下了不解之缘，她一直想研究究竟是什么中草药救了她，没有让她像其他兄姐一样死于脐风，所以她在毕业时的第一项研究及毕业论文就是"中国之补品"。胡秀英4岁丧父，与母亲相依为命，母亲不识字，但很开通，不让她裹脚。胡秀英在基督教会办的正心女子学校表现出色，取得助学金，1926年到南京入读金陵女子文理学院，修化学及物理学学位，后因黎富士博士教学重视实践、吸引学生，她就转读生物学，并跟随金陵大学施德蔚教授（Dr. Albert Steward）学习植物分类学（Taxonomy of Higher Plants）。两年后她回乡任体育教师，以报学校助学金之恩。1930年她又重返金女大继续学业，1933年正式毕业（金女大鼓励学生跨校选课）。1946年她获哈佛大学Radcliffe学院奖学金赴美国深造，1949年获得博

胡秀英

士学位——三年便拿到哈佛大学的博士学位,打破了哈佛的历史纪录,旋受聘于哈佛大学进行植物学研究,致力于中国冬青的研究。

一、"凉茶专家"和"百草婆婆"

1938年胡秀英到四川成都,任华西协和大学生物系讲师(后升为副教授)。在教学期间,胡秀英多次带学生上川西雪山采药。有一天,她在重庆九峰山发现一棵小红果,绿叶高三丈的植物,疑是冬青(后证实非冬青)。她带着标本到重庆中国科学院标本馆做了三个月研究,并发现南京农学院标本馆所展示的冬青标本,均无定名,于是按冬青权威专著一一鉴定。其后胡秀英写下约300篇有关冬青的论文,并发表了《成都植物名录》和《成都生草药用植物之研究》,受到哈佛大学E.D.Merrill博士(在美国有"植物分类之父"之称)赞赏。胡秀英在哈佛大学女子书院攻读博士学位期间,是当时在美国唯一研究中国冬青的研究员。1949年胡秀英成为冬青专家,在国际植物学界有"HollyHu"之称(Holly是冬青的英文名)。

毕业后,胡秀英留在美国哈佛大学安诺树木园从事研究工作,包括植物分类、植物地理及植物资源的利用,成为当时全球仅有的7位从事野外采摘的女植物学家之一。1957年,胡秀英开始撰写《中华食用植物》,同年获得美国科学成就奖。

1968年,胡秀英在正式赴香港中文大学崇基学院任高级讲师后,她教授普通植物学、植物分类学,并作野外采集考察。她说道:"香港当时处于英国的殖民式统治下,美国人到香港采标本,容易;我是中国人,合适。"她每周一、二、三、四教书,周五、六、日采标本。她课余时间执着地踏遍香港山头,不辞辛苦、兢兢业业采得标本2.4万份,往返哈佛6次,鉴定收录了9000种香港植物标本。由她一手创建的香港中文大学生物系植物标本室里，存放着全香港最完整的植物标本，这些都是她走遍香港的每一个角落亲手采集来的。胡秀英积极推动中文大学的中药研究与发展，在20世纪70年代促成"中药研究中心"的建立，启动"三冬茶"研究计划，用茶内含有的三种冬青科植物对抗传染病感染，突破凉茶传统。关于"三冬茶"，胡秀英说道："因为只有冬青在冬天可以生活，所以大家相信能在寒冷的天气生活的植物就可以治病。我研究用三种冬青做凉茶，把研究的结果做出来，向政府注册，只有从政府拿到执照才能做，所以这'三冬茶'就出名了，这个'三冬茶'的执照卖了100万元，这100万元给崇基学院做奖学金，我心里舒服。""三冬茶"是凉茶，属于保健品，备受中国人青睐。她著有《中华食用植物》，还为香港著名中医陈存仁的著作《中国药学大典》中七百余种中药鉴定名称。而后，胡秀英把二千余种药物用中文、拉丁文和英文编成《中药词汇》一书，被视为是对中医药学界的重大贡献，拓展了中医药迈向世界之路。从胡秀英的言谈举止之间，可以看出她的公益精神和道义担当。

1975年，胡秀英退休后，以不支薪的方式继续研究工作，每天工作10小时以上，野外采集、压标本、写作等，行踪遍及世界各地。她多次回内地讲学访问，还特别购买了60万粒西洋参种子，送给黑龙江省植物园，成为中国引种西洋参的开端。1992年，全美冬青学会以"胡秀英"命名一个卓越贡献奖。2001年，美国哈佛大学将胡秀英编著中国植物志所搜集得来的资料文献，制成158844张卡片，称为HuCard，并发放在互联网上，供全球学者参考。2001年，胡秀英获颁香港特别行政区铜紫荆星奖，为香港电视台"杰出华人系列"中唯一女性。

晚年的胡秀英讲话中气十足，始终面带微笑，有时讲到一些词语，只记得英文写法，当告知她的中文写法时，她会说："谢谢！"谈到兴起，她突然问："想不想看看标本室？"推开办公室旁边的一道门，竟有一片新天地。随她穿行其中，翻开一个个标本细看，仿佛听她在讲述自己儿女的故事，完全没有距离感，宛如邻家老太。

二、胡秀英轶事

1. 在童元方的著作《为彼此的乡愁》中写了胡秀英说过的一句话：我每天8时，

金陵四寿星,左一胡秀英、左二王侠飞、左四张肖松、左五黄丽明。居中的赵明华是张肖松的女儿(赵明华提供)

准到办公室来。如果到了 10 点钟还不见来,就一定是死在家里了。由此可见她的幽默、随性和对时间的恪守。

2. 胡秀英去意大利开会,开完会朋友们说去吃中餐。他们抵达中餐店后,点菜的店员说:"你姓胡。""你怎么知道我姓胡?"胡秀英问。店员说在电视上看到过"杰出华人系列",里面有胡秀英。胡秀英当时半开玩笑似的淡淡地说:"可以做'杰出华人'也是一个荣誉。"

3. 胡秀英本想念完书回国,但是哈佛不准回国,给了她植物园的工作。1900 年到 1910 年,哈佛研究室到中国采集了很多标本,她说:"我是一个中国人,他们叫我做,我只做中国的东西,不做外国的东西。"可见即使身在海外,她的中国情怀,中国担当丝毫不减。

4. 胡秀英说自己是运动家,喜欢玩,爬山和打球是强项。问起她的养生之道,她报以一笑:"能做的就做,不能做的放松,做不到的不要老放在脑子里。"她的生活十分简朴,却很快乐。据说,她在美国家中洗过东西的水要用来给花园浇花,纸张定要填满。而她节省下来的钱,大部分用来帮助别人上学,捐款给学校、慈善机构。

瑷的色彩——吕锦瑷教授

　　1973年中央电视台开始筹备播送彩色节目。从黑白转成彩色是一件大事，需要有经验的彩色学专家为全台讲授《彩色学》，北京电影学院吕锦瑷教授被邀承担了这个任务。此时，人们在更大范围内意识到彩色学专家的重要地位。"瑷的色彩"重新回到人们的视野。吕锦瑷是笔者孙建秋的母亲。她在南京金陵大学和北京电影学院的电影教育中有着不可取代的地位，这与她的经历分不开。

一、瑷的童年：小小花木兰

　　吕锦瑷1912年出生于山西吕梁山下的交城县成村。1915年，她三岁时到铭贤小学就读。由于当时没有女子上学，遂女扮男装读完初小，从小培养出了女子不让须眉的坚韧个性。1925年，吕锦瑷13岁时父亲去世，她脱下男装换成孝装。同学惊叹于吕锦瑷的好学和超凡的记忆力，能背诵《资治通鉴》等书。1928年，吕锦瑷转学到北京贝满女中。在那里虽然只有短短的两年，但此时发生的一件小事，却成为影响她终身专业选择的大事。"有一次著名摄影家魏守忠来贝满为同学照相，成为我生活中的一件大事，至今我还保留着一张我和同屋人的合影，它使我对照相发生了很大兴趣，但样样想买国货的我苦于买不到国产胶卷，当时就萌发了有朝一

吕锦瑗（左）和贾麟春在交城县成村老家

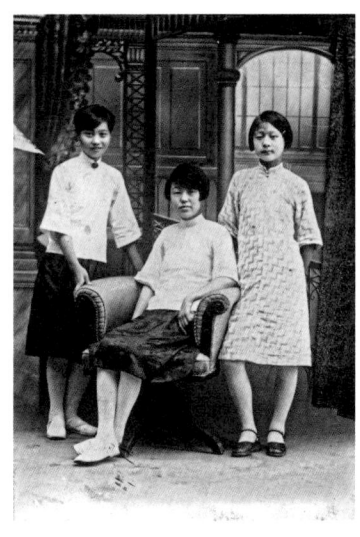
吕锦瑗（中）与好友

吕锦瑗（右二）在金女大雪景中。她们宿舍雅称读雪室，同学们对雪非常热爱，南京难得下雪，大屋顶上的冰凌有几尺长，雪中嬉戏、手握雪球是她们学生时期美好的记忆

日要自制感光胶片的念头。"(《山西文史资料》)

二、瑷的教育：金陵女子大学，华群教授的教学法

1932 年，吕锦瑷考入金陵女子大学化学专业，同时辅修物理专业。毕业前夕，她在日记上写下了自己的两个志愿：研制感光材料与兴办教育。

大学期间，吕锦瑷结识了同样爱好摄影的孙明经，相恋四年后，二人在炮火中完成了婚礼，他们在事业上相互成就，为我国电影教育事业奉献一生。1937 年 9 月 20 日孙明经和吕锦瑷在金大小礼拜堂结婚，当日 95 架日机轰炸南京。他们的证婚人就是后来南京人民的"活菩萨"华群女士——吕锦瑷在金陵女大的教育学老师。华群的教学法影响了吕锦瑷的一生。

三、瑷的教学

1984 年吕锦瑷当选高校 30 年教龄的"模范教师"。她亲自编写教材，讲课脱稿，重实验，深受学生欢迎。

1939 年，随金大撤退到重庆的吕锦瑷，在日军的轰炸中开始了感光材料的研制，这是她在北京读贝满女中时就萌发的念头。1940 年孙明经出国，日军疯狂轰炸，吕锦瑷家的住处也被炸毁，怀着孕的吕锦瑷偕老母和两个幼女迁居成都。搬迁甫定，吕锦瑷就在华西坝金大的建筑工棚中建了一个简陋的暗室，重新开始了乳剂的实验。"这一阶段特别艰苦，暗室漏光，需利用晚上的时间，家住南门一巷，离华西坝还有一段距离，并隔着一条河。华西坝钟楼的夜半钟声常常陪伴着我的试验工作。这时离产期已经很近了。"(当时她已经怀孕 8 个月，挺着大肚子做实验)

1941 年，吕锦瑷受聘担任华西协和大学化学系的讲师。华大的暗室和化学实验设备条件较好，吕锦瑷继续着她的乳剂实验。战时急需 X 光胶片，但供应困难，在华大医学院的配合下，吕锦瑷成功研制出可用于诊断骨折的 X 射线感光片。与此同时，用牛皮自制明胶的研制也获得了成功，制成不少质量不错的明胶，以后用于金陵大学及北京电影学院摄影化学及感光乳剂等课程的学生试验课。

吕锦瑷开设摄影化学、感光乳剂、感光材料及其加工、彩色片原理、摄影过程原理、黑白及彩色感光材料（电影

胶片）、电影赏析、文献检索等多门课程。后因专业需要学习俄语并组织翻译大量俄语资料、教材。她还用英语为留学生讲专业课。

在资料方面，吕锦瑗发表了乳剂制备、胶片性能、彩色原理、影像保存等方面论文及译文，《影音》月刊（1942—1948），《化学》月刊（1952），《电影技术》（1955—1966），《感光材料》（1975—1980），《国外声相技术》（1980），《国际电影技术》（1981—1983）等期刊。她主持并参加编译了《摄影技术参考资料》《教学参考资料》等专辑和《电影摄影工作》等专著。审校《纽约摄影学院摄影教材》。

吕锦瑗1956年在中南海接受党和国家领导人接见；1994年享受国务院政府特殊津贴；为我国培养了大批洗印人才，1992年获新中国电影教育开拓者奖。吕锦瑗的名字出现在许多名人词典里。

1937年7月，吕锦瑗与孙明经的婚礼照

四、瑗的色彩

吕锦瑗是金女大合唱团的女高音，话剧演员，曾出演音乐剧等。她的生活充满了七彩缤纷的色彩，那就是瑗的色彩。

1934 年，吕锦瑷在做实验

1948 年，吕锦瑷讲授彩色学。展现了全英语教学、美丽的英文板书、充足的教具、生动的挂图和全脱稿授课的教学特色

从事妇幼工作的共产党人：俞志英

俞志英（1911—1998），1938 年进入金女大学习。求学期间，她积极参加爱国学生运动，1939 年 3 月加入中国共产党。

1947 年，周恩来、邓颖超把俞志英推荐给宋庆龄，参加中国福利基金会的工作，任儿童工作组组长，并参与向解放区输送医药、物资的工作。为了筹建儿童福利站，她持宋庆龄的便函，找国民党社会局局长要求划拨贫民区附近公园内的空地，搭建平房。经她努力争取，分别在上海的胶州公园、通北公园和昆山花园搭建了 100 多平方米的圆顶铁皮房子，开办了第一至第三儿童福利站，聘请了有教学经验的人士担任站长，开展了识字、保健、救济贫困儿童的工作。当有一批运往解放区支援国际和平医院的医药物资在轮船码头遭到国民党军警阻挠时，俞志英陪同宋庆龄前往严正交涉，得以顺利启运。1949 年，宋庆龄推荐她作为中国福利基金会的代表，出席第一次全国妇女代表大会。后俞志英任第四届全国政协委员。

1937年，俞志英在金女大校园留影

俞志英《"我"的相册》扉页，她把自己从稚嫩中学生一步步走上革命道路的经历和蜕变贴在了首页

刘恩兰：中国第一位女海洋学家

刘恩兰（1905—1986）是中国自然地理科学领域第一位女博士，中国第一位女海洋学家、地理学家。1919年，14岁的刘恩兰以优异成绩考取了南京汇文女子中学，在高中二年级做插班生。毕业之后，她放弃已考取的协和女子大学，转而考入南京金陵女子大学，从此与金女大结下了深厚情缘。1921年刘恩兰进入南京金陵女子大学学习。1925年毕业，为赡养多病的父亲，并供给弟妹上学，她不得不放弃继续深造学习医学的打算，开始登台任教。不久，她被聘为金陵女子大学附中教导主任。1929年刘恩兰以其优秀的学业成绩被送到美国学习自然地理专业，三年后顺利成为自然地理领域中第一位中国女硕士。回国之后，她和同事们一起，在金陵女子大学创立了地理系，并担任第一任系主任。1932年刘恩兰同著名气象学家竺可桢一起创建了中国地理学会，并当选为中国地理协会理事，1933年参与创建中国气象学会，当选为理事，同年参加中国地质学会。

回国途中，刘恩兰与女友相伴，由美国到达加拿大魁北克，然后横渡大西洋，入法国，又经比利时、卢森堡、德国到荷兰，最后横穿苏联全境，入满洲里回国。一次，她和女友黄丽明在挪威考察冰川，突遇山体崩塌，巨石从身边擦过，几乎送命。这次长途跋涉，使她成为中国第一位连续考察北

刘恩兰

美、西欧的女地理学家,也是我国历史上第一个环球考察北美及欧亚社会地理、自然环境、风土人情的女学者。

1938年日本占领上海,金女大部分同学不得已在租界区他校借读。

那时,刘恩兰已拿到去牛津大学的奖学金,即将出发,但因为担心在上海的四年级地理专业毕业生学分未满,不顾危险与其他两位老师一同绕道,从武汉转香港到上海。事前友人告诫她们"不要随身带书籍,因为受过教育的阶级是日本人的眼中钉,建议她们装扮得像傻瓜一样进入上海"。刘恩兰想出个好方法,说:"我们有两个人穿得像是无用的轻薄女子,我长得差,可以装扮成她们的女佣人。"值得庆幸的是,轮上乘客在法租界登岸,化装入沪这招虽没有用上,但可看出刘恩兰的机敏。

1938年刘恩兰进入英国牛津大学攻读博士,仅用一年半时间就完成学业,获得博士学位。她深入英吉利海峡,对海流的深入研究成绩突出。回国后,刘恩兰继续在四川成都华西坝的华西大学、金女大地理系和地质系任教,她一边教学,一边参加救亡工作。

在艰苦的战争岁月里,刘恩兰也没有放弃实地考察。她带领学生先后考察了金沙江、岷江、灌县、威州(汶川)等地。她们自带粮食,挖野菜,架帐篷,露宿山洼,得时常提防土匪、野兽骚扰。在岷江考察时,她还曾险些跌下山崖。经过长期考察,刘恩兰积累了大量一手资料,陆续发表了《中国雨量变率研究》《四川之天气》《四川盆地之形成及其历史》《中国雨量变化》《河西走廊经济发展中的地理条件》《川西之高山聚落》等论文。她长期的地理考察和专门的研究工作,还为她在以后参加治理淮河、永定河、桑干河,修建官厅水库等大型水利工程,为后来投身海洋事业,打下了坚实基础。

20 世纪 20 年代金女大中国教师还很缺乏。图为 1929 年骨干教师合影。他们是郝映青（左一）、刘恩兰（左二，郝身后）、张肖松（左五）、邬静怡（左六）、张汇兰（二排左三）

图为 1937 年刘恩兰（前排左四）和地理系的同学合影

20世纪40年代,金女大铁杆教师相聚在南山甲楼。前排:吴懋仪。二排左起:刘恩兰、克馥兰、梅耶夫人、蔡路德、陆慎仪。后排左起:邬静怡、惠亚特、徐亦臻

中华人民共和国成立后,周恩来总理曾三次接见刘恩兰,征求组建中国科学院意见。1953年后,她先后在东北师范大学、解放军哈尔滨军事工程学院、海军司令部航海保证部、国家海洋局第一海洋研究所等单位从事教学和科研工作。

在哈军工学院,刘恩兰带领毕业班学员,承担了国家下达的测量海岸线地形地貌和沿岸水深的大型科研任务。四个月的海洋勘测,刘恩兰住在船上小会议室中,但依然保质保量完成了科研任务。

刘恩兰在任教期间,先后撰写了《我国海洋工作人员专业人员训练大纲》《现代海洋科学中的一些新问题》《大气与海洋的关系》《青岛海区的海洋发声动物的初步探讨》《海岸带》《河口湾的演变与沉积动力过程》《谈谈海岸带调研的意义》《南海温盐度》《长江流域水资源的开发利用》等文章。

垂暮之年的刘恩兰还欣然参加中国海

1948年6月，国大教育界代表 杭州李池和刘恩兰（右）

因为有了刘恩兰老师，金女大校园里许多同学都热爱并选修地理课。图为1936年刘恩兰老师（左四）和同学们的合影。她头上着白色棉花，以悼念她的妹妹去世

1984年，刘恩兰在海外金陵同学归国联欢会上

洋协会组织的航海夏令营，给孩子们义务讲解海洋知识，讲述海洋科学发展史和航海发展简史。她与同学们一起攀登坎梯，到3万吨级的远洋轮上参观，为培养海洋事业的后备军操劳。

刘恩兰老了，但是走到哪儿都会发现问题。一次，她在广东、福建沿海考察，发现沿海的红树林遭到严重破坏，她积极劝诫众人，保护好沿海红树林，并引起了其他学者的广泛共鸣，国家有关部门从此对保护红树林的工作开始重视。

袁爱莲：情系金女大的中坚力量

一、"有钱出钱，有刀出刀"

袁爱莲是金女大家政系1948届毕业生，1952年在美国获得学前教育硕士学位，在学前教育的岗位上工作了20多年。海外吴贻芳基金会成立后，袁爱莲担任第二任会长。她对于母校恢复金陵传统十分努力，为建立金陵女子学院立下汗马功劳。她在海外的募捐方式与众不同，总是想出一些法子，打动人心。例如她使用金女大华侨校友陈琎采老师在轮船上的一句"有钱出钱，有刀出刀"作为募捐口号。不想，感动了更多的人。袁爱莲说："时至今日，我们为母校募捐时还用这个口号。"倒不是因为这个口号因口误而出的洋相，而是因为这个口号背后由内而生的真挚而炽热的爱国热情。

二、重建金女院

1987年，江苏省人民政府下文批准以公办民助的方式建立金陵女子学院，这首先需要一大笔资金。袁爱莲连续多年在众多校友和家人的协助下，向世界各地的校友和关心金女大的人们发出几百封募捐信，介绍重建的进展情况。

金女大的校友当时都已经年迈，而且没有一个在金钱方面真正十分富有的。但由于她们对母校的热爱，也由于袁爱莲信中恳切的言辞，都表达了重建金女院的热情和信心，纷

1946年，袁爱莲回到南京的金女大校园

1946年，袁爱莲（左一）、袁岘禾（中）与飞人张风雅（右）合影

纷加入了捐款的行列。袁爱莲不仅每次告诉大家捐款的具体目的，还想出捐款人可以给金女院大楼的一部分大房间命名，这充分显示了她工作的非凡创造性。校友们尽力捐款，不久募捐总额超过60万美元，这对大楼的建设起到了很大作用。

袁爱莲不仅想方设法筹集资金，更关心金女院重建中的真正需要，她要把来之不易的捐款用到最需要的地方去。作为校董，她和先生翁汾庆一起多次回国，到南京师范大学去了解金女院建设中的问题，向校方提出有益的建议，亲自指导捐款的使用。她甚至帮助金女院购买设备，托运回国。

袁爱莲不仅关注硬件的建设，而且关心金女院校风的继承和教师队伍的建设。由于她的推动，亚洲基督教大学联合董事会（简称"亚联董"，现称"亚洲基督教高等教育联合董事会"）为金女院争取科研经费，联系外籍教师，因此金女院成为外教人数较多的学院，对金女院学生外语能力的提高有很大的帮助。

三、继承和发扬金陵的音乐传统

在南京到宁海路一带，不闻钢琴声，就不能说到了金陵女院。金女大特别重视学生的音乐素质教育，校友们每次聚会，都会齐唱 We Are From Ginling 等当年的校园歌曲。大家在娱乐的同时，既增强了凝聚力，又加深了对母校的感情。当袁爱莲了解到学院只有一架钢琴，学生们训练合唱不便时，随即以美国吴贻芳基金会的名义汇款过来让学院买一架新钢琴，这架新钢琴就放在金女院 207 室家政室。

金女大每年都有"五月歌会"，老师和学生们聚在一起唱歌跳舞，热闹非凡。为了继承和发扬金女大的优良传统，金女院增设了"十月歌会"。2008 年 10 月，金女院第一届"十月歌会"在仙林校区体育馆正式拉开了帷幕。歌声使得老校友、老师和学生们之间的情感交流更为融洽，金女院的集体凝聚力更为增强。2012 年袁爱莲和丈夫翁汾庆作为嘉宾一同参加了第五届"十月歌会"，看着学院的进步发展，两人非常开心。当天上午校庆典礼后，在 100 号楼前的大草坪上，许多金女大老校友都争相与他们合影。

1989 年，袁爱莲（右一）、Reed（右二）、黄燕华（右四）

袁爱莲（右一）与丈夫翁汾庆（右三），顾秀莲（中）

100 号楼是袁爱莲与翁先生谈恋爱的地方。

回顾一起走过的 60 年，翁先生说："爱莲只是一个普通人。她既不是文学天才，也不是科学天才，但她是一个充满爱心的妻子，一个伟大的母亲。她对金陵深厚的爱，为了重建金陵女子学院，她耗费了大

2009年，袁爱莲（前）、袁岘禾（右）、孙建秋（左）

量的时间和精力。由于她和所有金陵校友的努力，使重建金陵女子学院成为事实。因而，金陵精神将永远发扬。"

吴佩琪大陆情深

金女大上海体育系的同学都记得吴佩琪。吴家是京津一带赫赫有名的豪门望族，号称"汇丰吴"。吴佩琪在家中排行第九，备受宠爱，读大学时她想读体育系，而与她家很熟的燕京大学当时还没有体育系，他父亲吴熙元就为女儿在燕大捐献了一个体育系——自然，该系的第一名学生就是吴佩琪。燕京大学南迁后，她便来到上海，此时金女大体育系已迁入上海租界，她就转入了金女大体育系。

吴佩琪身出名门，才貌俱佳，再加上在金女大上海体育系所受的高等教育，很快，民国青年将军蔡文治少将对吴佩琪心生爱慕，多番追求，终成良眷。

嫁给蔡文治后，吴佩琪的命运就与蔡文治紧紧连在一起。1949年，蔡文治携吴佩琪移居美国。在马里兰州，蔡文治教吴佩琪耕种，两人过着平静的田园生活。因蔡文治的政治经历，两人回大陆已成奢望，后又因蔡文治在五角大楼的特殊工作，两人甚至无法与在美国的亲友相见。

改革开放后，两人心系大陆。在各方协助下，1980年6月，蔡文治、吴佩琪夫妇应叶剑英的邀请回北京做客，并受到胡耀邦、邓颖超、叶剑英、李先念、习仲勋、张爱萍等领导同志的接见和款待。其后，蔡文治夫妇先后三次回国，发起成立了黄埔军校同学会，为海峡两岸的和平统一做了些促

金女大体育系师生合影。后排右起分别为鲍庆恩、王汝珉、孙微和、吴佩琪、陈元芝、黄丽明，二排左二龙襄文、左三为谭翠荣，一排左起方文娟、孙恩兰、王明霞、凌佩芝、郭鹤琴

吴家客厅常高朋满座。前排右二吴佩琪，后排左一父亲吴熙元，右二司徒雷登

"孤岛时期"的金女大上海体育系。后排左三为吴佩琪，清秀甜美。1937年11月上海沦陷至1941年12月珍珠港事件爆发，租界四面都是日占沦陷区，故称"孤岛"

进工作。

　　蔡文治病故后，吴佩琪搬到华盛顿一处公寓。一有机会，她仍按丈夫教她的方法下种、施肥。她非常喜欢菜园里的生活，年迈的她尚躬耕不倦，这也多亏了她早年在上海金女大体育系打下的结实的身体基础。

彭洪福、皇埔玉珊、刘家琦

彭洪福将军

一、高山病药物研究的权威——彭洪福

彭洪福1919年生于长沙,1943年毕业于金女大化学系后留校任教。1963年军事医科院组建高原卫生研究室,彭洪福被调入该室,从事高山缺氧防治的医学研究。彭洪福经过刻苦钻研,最终研制出"复方党参片",取得良好药效,被指战员称为"高山神药",并于1978年在第一次全国科学大会上获奖。彭洪福心系高原上的战士,先后18次去新疆喀喇昆仑山,每次去都要记下战士们托办的事,深受战士们的尊敬,被授予中将军衔。

皇甫玉珊将军

二、传染病专家皇甫玉珊

皇甫玉珊1927年生于河南焦作，1949年毕业于金女大医预系，后考入北京协和医学院，学习传染病学。那时一听"传染病"，往往找不到对象，别人躲避不及，是个可怕的专业，皇甫却能深入研究，还亲自为重病患者上门送药。她不管多累，从不靠墙休息，总是风度优雅地站立，人称"吴贻芳风度"。她所在的解放军第302医院日后教学时总要求医务人员要发扬"皇甫精神"。

刘家琦医生

三、儿童眼科刘家琦

刘家琦 1909 年出生，1932 年毕业于金女大医预科，1937 年获协和医学院医学博士后留任。1941 年协和医院停办后，任同仁医院眼科主任。刘家琦走到哪里，就把医术带到哪里，碰到有眼疾的病人，总忍不住上前询问。她的科研选题也总是以解除多数人的疾患为出发点。1951 年，她与毕毕德教授、罗宗贤教授共同筹建了中国眼科协会和《中华眼科杂志》。1986 年，她创建了全国第一家小儿眼科门诊，专门研究儿童青光眼。她对金女大校友会工作总是很热心，曾担任第一届金女大北京校友会主席。

杨嘉仁和程卓如

1912年杨嘉仁出生于南京，父亲是一位西医，母亲出身于中国驻外使馆翻译家庭，喜欢运动和音乐。杨嘉仁自幼受西方文化影响，喜欢唱歌、弹钢琴，姨母黄丽明（金女大1927级）是他的音乐启蒙教师，后又请金女大的苏维兰继续指导杨嘉仁钢琴。受父亲影响，杨嘉仁对医学也很有兴趣，从金陵中学毕业后到金陵大学医学预科学习。但由于晕血，很快转到金女大借读音乐课程，成了金女大历史上唯一的男毕业生。

杨嘉仁毕业后赴美密歇根大学音乐学院深造，获音乐理论和音乐教育两个硕士学位，归国后他先后在南京汇文女中、明德女中、上海圣约翰大学、中西女中、沪江大学、上海音乐学院等学校任教。杨嘉仁是我国著名指挥家，上海音乐学院指挥系主要创建人，第一任系主任。他一生所教学生不计其数。杨嘉仁上课第一句总是"我就是羊+人"，他的幽默让大家很快记住他的名字。

杨嘉仁的妻子程卓如也是金女大音乐系毕业生，1935年在南京入学就读，由于抗日战争爆发，直至1941年才在成都毕业。这一年，杨嘉仁留学归来，二人举行了婚礼。程卓如是上海音乐附中的主要创建人，第一任校长，1958年被评为三八红旗手。

1935年，杨嘉仁与1935级同学合影，后排中立者为杨嘉仁

杨嘉仁学士毕业照

杨嘉仁与程卓如

居瀛棣与居家四姐妹

居家有五个姐妹，其中在金女大就有四位亲姐妹，母亲钟明芝，因为仰慕吴贻芳校长女子要自强、自立、自尊的办学理念，先后把四个女儿送到南京金陵女大和金陵女中。

大姐朱觉芳（原名居瀛初，金女大经济系1934级）、二姐居瀛棣（金女大外文系1937级，）、三妹居载春（金女大附中和金女大生物1939级），幺妹居淑宁（金女大附中，1946级）。

一、朱觉芳

朱觉芳是金女大十分重要的角色，对于恢复金女院起了重要作用。她为金女院办学捐款事宜四处奔走。1945年吴贻芳赴美签署联合国宪章时，朱觉芳担任重要顾问和助手，与吴校长有着特别深厚的友情。

二、居瀛棣

居瀛棣（1915—1966）生于东京，长在上海宝山县乡下，因在家族排行老六，上海方言称"阿乐"。她初中被送进徐家汇天主教的启明中学，苛刻的校规约束，使其产生求解放的思想，常看一些侠义小说，希望成为扶正惩恶的侠义之人。她高中就读于南京汇文女中，1935年考进金陵女子文理学

钟明芝和她的儿女

朱觉芳（左）与妹妹居瀛棣（右）

院，成为金陵女儿。

1936年居瀛棣暑期参加了南京各高校的普陀山夏令营，彻底改变了她的生活轨迹。她爱上了金陵大学一位学生领袖祁式潜，但当祁式潜知道她姓居，就不再理她了——他不和官僚家小姐来往。这反而使她展开攻势。金女大同班同学张滢华借给她一些文献和苏联小说，使她逐渐觉得抗日救亡是一种责任，并积极投身其中。

1937年金女大后撤到武汉，在华中理工学院借读，居瀛棣遇到了祁式潜率领的平津流亡学生宣传团。她很激动，"动了参加他们行列的念头"。金女大刘恩兰教授当时正发起组织金陵女儿到鲇鱼套车站为贵州撤下的伤病员做紧急救护的工作。从列车上下来的又脏又饿的抗日伤兵，满身是血、疼痛难忍，居瀛棣参加救护工作，给士兵们上止血药、清洗伤口、临时包扎，还给他们喂粥喂水。

1938年在日寇疯狂轰炸下，武汉告急，居瀛棣又随金女大师生到成都华西坝借读，又"偶遇"南下工作的祁式潜。正好当时金女大有乡村服务团到四川温州一带宣传。她默默告别睡眠中的母亲钟明芝，

朴素、安静的居瀛棣

在上海做地下工作的居瀛棣与祁式潜

前往鄂东、黄冈大崎山游击区,最后到了崇山峻岭中的老苏区,目睹了半年不到的时间里十几个人发展成一支坚强庞大的抗日部队。她在那里负责搞宣传工作,与祁式潜结婚,生完孩子一个月后,就让根据地妇女帮忙照看,又到津浦路淮南边区做民运工作。1942年日寇疯狂进攻淮南根据地,为反扫荡、精兵简政,经组织同意她1942年回上海分娩,在邮政储金局担任会计,后一度与组织失去联系。两年后,1945年她与重庆中共代表取得联系。1946年至1949年她利用家庭的优越条件,掩护我党进行地下工作,完成许多重大任务。在只能单线联系,不知上线、下线是何人,也不知情报的紧急程度的情况下,冷静地完成情报交接工作。当时地下党吴克坚的妻子王前把情报卷好藏在香烟里,或者点心、蛋糕里。机智的居瀛棣觉得目标越大、越明显,反而越安全。交接情报的地点不是在荒郊野外无人区,而是在闹市。她穿着旗袍、背一小皮包,按说比较引人注目。若有人多盯几眼,她会把皮包有意掉在地上,请那人给帮着捡起来,消除别人的疑心,其实皮包里面是藏有情报的。丈夫为了隐蔽战线的工作,对陌生人和新的情报人员用好几个不同的名字。一次,祁先生化名徐大可,她不知道"徐大可"是谁险些露馅。幸亏丈夫及时回来,

1958年，三妹居载春博士一家在台北

1959年，小妹居淑宁与匈牙利籍艺术家丈夫的合影

献出奖学金的小妹居淑宁博士，是马里兰大学的终身教授

后由他把情报送出到延安。

抗日胜利后，1946年她回到上海，居住在她母亲位于上海西江湾路的一幢小楼内。二层是母亲钟明芝的卧室，白天发报机就藏在老太太床底下。三层是书房，晚上报务员肖光前开始工作。由于钟老太太的地位，没有引起怀疑。而且对面一个国民党大官的住宅也设有电台，有发报机，中共地下党上海站"岭台"的滴滴声就被掩盖过去了。

1948年上海许多电台遭到破坏，她陪延安译电员梁汉莲去香港，由金女大同班好友张滢华配合，带回一套中共地下党急需的上海密电码和500美元的中航起义筹备费用。在上海，居瀛棣有储备银行会计工作掩护，直接担任情报传递任务，直到解放。隐蔽战线的故事未公开，她始终默默无闻。

三、居载春

三妹居载春从金大附中毕业后，考入金女大，留美后获得生物化学博士。吴贻芳校长感到很光荣。

四、居淑宁

幺妹居淑宁最小，金女中毕业。后来成为马里兰大学细胞学的终身教授。2018年5月，她决定拿出自己节省的5000美元，给金女院做留学奖学金，感谢母校的培育之恩。当被问起，是否以你们金陵四姐妹的名义，她颇有性格地摇头说："不！仅以我母亲的名义。是她把我们送到了金陵女大和女中。"居淑宁当时因为年龄小，进不了金女大，但从大姐朱觉芳处了解了许多金女大的故事，对金女大美丽的校园，对附中严格、优质、活泼的教育留有深刻美好的印象。

物理学家何怡贞

山西灵石两渡，是一个比较偏远的地方，却出了个学术世家。清朝近三百年，何氏家族出过15名进士，29名举人。山西人讲"无何不开科"。中华人民共和国成立后，何家走出了六位中科院院士。何怡贞的名字也许没有她妹妹何泽慧（中国的导弹专家）那么响亮。她们都来自山西，家世确实令人佩服。

1930年何怡贞毕业于金女大，1931年留学美国，在蒙脱霍育克学院获化学硕士学位，1937年获密歇根大学物理学博士学位，后在剑桥学院和芝加哥大学金属研究所从事教学与科研工作。1949年11月何怡贞回到祖国，担任燕京大学物理学教授。1952年她与丈夫葛庭燧一起参加金属研究所创建，1980—1981年在里昂法国国家应用科学院（INSA）任访问教授，1982年调到（合肥）中科院固体物理研究所任客座研究员。

何怡贞因在金女大品学兼优，获得巴布奖学金，这是专门为培养亚洲精英领袖的奖学金，筛选要求很严。金女大只有1919年毕业的吴贻芳（生物），1933年毕业的王明珍（数学）等获得过。

中华人民共和国成立初期，何怡贞把自己丰富的光谱学知识用于当时钢铁工业急需的合金钢与炉渣的分析上面，填

何怡贞

何怡贞（左）与妹妹何泽慧（右）

1934年,何怡贞在密歇根物理实验室
熊子璥教授邀请何怡贞出席1934年6月30日在密歇根举行的第193届美国物理学会会议。何怡贞后面黑板上画的那幅图示,是由著名光谱学家拉尔夫索耶教授所研发的一种真空紫外线分光仪。拉尔夫索耶是美国物理学会的领军人物,在密歇根大学研究院先后担任教授和院长职务。经过更仔细观察,认出这个分光仪就是直到1975年还在实验室里使用的那台

补了光谱分析的空白,还培养了一批化学分析骨干。20世纪70年代中期,何怡贞在我国最早开创了金属玻璃研究领域,为我国非晶态物理的发展起到了积极的促进作用,在国际上首先测定了金属玻璃与晶化有关的完整的内耗峰和晶化内耗行为,并发现了金属玻璃转变相关的内耗峰,获中科院科技进步二等奖等。此外,她发表论文50余篇,并是《十年来的中国科学——物理学》《非晶态物理学》的合著者。2005年,96岁高龄的何怡贞获得李薰成就奖——这是中科院金属研究方面的最高成就奖,奖给为金属研究发展做出杰出贡献的科学家。

葛佶

葛佶，中国社科院荣誉学部委员，浙江平湖市人，1923年生，1952年金女大外语系毕业。金女大外语系是大系，有100多位学生。1948年因淮海战役交通阻断，葛佶返校后发现自己是剩下的唯一的学生了。有时候上课，克馥兰教授和助教两人对着她一人上课，她们教得认真，她学得刻苦，事先准备充分，读完指定文章，收获很大。金女大图书馆藏书丰富，她大量阅读，这种快速浏览的习惯日后竟然成就了她的非洲研究。

1948年淮海战役后，时局动荡，许多家长不让孩子们回南京上学，加上后来反帝国主义的斗争，有些人转学俄语，有些参军参干，有些离开南京，100多人的外语系只有葛佶一人继续学习英语。她坚持不懈，翻译了大量国外资料、著作，并深入研究非洲情况，取得了骄人成绩。

非洲研究让葛佶想起以赛亚书的一句话："唉！埃塞俄比亚河外翅膀唰唰声响之地。"公元前7世纪，犹太人的先知以赛亚，曾用这样的诗句描述非洲大陆，并派遣使者沿着尼罗河，来到以色列的非洲古国库施（见《圣经：以赛亚书18章》）。今天库施国遗址仍在。但是相应来说，旧中国没有为研究非洲留下多少遗产。中华人民共和国成立后，许多有志于争取非洲独立解放的年轻人，来到中国寻求解放

1952年葛佶在金陵女子大学毕业证书上的照片

之路,可是我们当时对非洲的了解甚少。1961年,非洲所(即以前的西亚非洲所)前身成立。改革开放后,懂英语的人终于多了起来,但研究欧美问题者多,而关心非洲研究的人却很少。葛佶则从非洲历史开始研究。她本身在沦陷区尝到过当亡国奴的味道,对于受过百年掠夺与压迫的非洲人民有深切的同情。退休后的10年,没有行政工作的羁绊,成了她成果最多的10年。1989年11月,葛佶争取到联合国开发署和美国福特基金会的一大笔资助,在北京召开了大型的"中非经济改革与调整研讨会"。

谈到母校金女大对自己的影响,葛佶说:"首先在精神上,母校和谐的人际关系,老师和同学们的言传身教,在我心中种下了'老老实实做人,认认真真做事'的种子;其次,行政人员和教师极为精简,似乎每个人都不用监督,兢兢业业有条不紊地工作着;还有,母校那种宽容的教诲;母校的英文教学有独特之处,图书馆是英美文学的宝库,使我如痴如醉读完一本又一本,养成了快速阅读英文的能力,这种能力在英语人才短缺的年代使我在科研工作中占了不少优势。"

2006年11月,葛佶获得"中非友好贡献奖——感动非洲的十个中国人"称号。

1950年,外语系学生与葛佶(前排左三)、系主任克馥兰(Dr. Kirk)(后排左五)在图书馆前合照(周露仙提供)

1951年,同学们欢送应越秀同学(前排右三)参加军事干部学校。后排右二为葛佶(葛佶提供)

梅若兰——"人人、处处、时时"

梅若兰（1925—2012），出身于一个普通知识分子家庭，1937年，在沅小寄住在教会学校念初中，受日军轰炸，学校不断搬迁，后在福湘女校保送上高中，1943年毕业后，考取了湖南商学院和金女大。由于金女大不收取学费（金女大当时在成都），梅若兰下定决心选择了金女大。

在金女大学习期间，梅若兰感受到浓厚的学习氛围，思想交流极为活跃，她参加牛津团契。在当时，牛津团契属于燕京的进步团体，旨在希望重振道德。为了学习音乐，梅若兰利用寄宿生吃饭的空闲时间练琴。此外，她一直积极勤工俭学（在图书馆上架、补书）。值得注意的是，梅若兰进校时体重不合格，营养缺乏，学校发通知让梅若兰每天固定时间到固定地点吃营养餐，肉末、蛋花、青菜，好吃又不要钱，吃到她体重合格为止。

金女大丰富的课外活动中，常规的有舞会、读书会等，梅若兰用六个字形容了当时的文体活动氛围："人人、处处、时时"。由此可见，金女大，不仅学习严谨，而且对个人修养和强健体魄也很重视。金女大的教育可以称得上是全面的素质教育。

梅若兰的同学刘翼文评价梅若兰：

"从初中到大学毕业，这一段不算短的日子，我们都在

学生时代的梅若兰,选修吕锦瑗《摄影化学》课上自制底片留影

梅若兰毕业照

一起。她一直那么矮小,似乎连半寸也没有长过,因此人人都叫她小妹子。然而别看她人小,她具有智慧的头脑,说话有条理,做事周到,以及为人的谦虚恳切,这许多特点就超过一些高个子的威风了。小妹子还具有'人人为我,我为人人'的服务精神,她的天性,口才,很多工作适合她。她曾在一年级时获得第一名,她的抱负很大,像她这样一个多方面的人才,成功也会属于她的。"

1987年梅若兰任金陵女子学院筹备组组长,为恢复中断36年的金陵女子大学而四处奔波。万事开头难,她很有耐性、韧性和说服力,不达目的决不罢休,办了不知多少烦琐的手续,终于要回了贻芳园的房子,使金女院在原来的金陵校园里有了自己的家。1989年她出任金女院副院长,1992年退休。因金女院办学需要,退休后一直在金女院工作,2000—2003年担任金女院院长,并任多年金女大南京校友会会长。她作风勤勉、克勤克俭,热情地与海外校友保持畅通的联系,节约校友们捐来的每一分钱。

梅若兰年轻时四处奔波,十分感人的是她的奉献精神。年老了,跑不动了,她也不放弃表现活力的机会。2005年金陵校庆上,在《拔萝卜》的节目里她扮演的那只大萝卜,永远留在人们心中。

前排右起依次为梅若兰、彭洪福、陈文仙、梅光耀。后排左二吴懋仪、蔡路德、吕锦瑗、鲍富年

梅若兰1948年毕业于金陵女子文理学院化学系，无机化学教授，后来在南师大任化学系主任。长期从事无机化学教学和无机物合成、化工污水处理及微量元素等应用化学方面的研究

2005年，老校友演出音乐剧《拔萝卜》剧照（孙建秋提供）

梅若兰曾引用吴贻芳校长的话说，做人应如莲子，如象牙洁白，如紫檀刚毅，又如同小白菜，虽然廉价普通，却给人们带来了丰富的营养。梅若兰就是一颗莲子，对于自己的东西，她总是慷慨大方，甚至把自己微薄的薪水都用在为院里添置物品、设备上，对于公物则是"锱铢必较"，严于律己、清正廉洁，她如同象牙纯白洁净；无论是为了能够跨入金女大而任教小学一年以攒够去成都的路费，还是年逾花甲仍任劳任怨为金女院的筹建与发展四处奔波忙碌，梅若兰几十年来执着坚毅的身影感动着每一个人，当被称赞为金女院的发展做出重要贡献时，梅若兰总是低调回应。

笔者孙建秋一次打电话给她，正是暑期雨季，她告诉笔者，大水没过膝盖，刚背着一大包校刊去邮局寄发。笔者说："你简直是圣诞老人！"她乐呵呵地说："能自己干的，就不要花钱请别人，校友们等着看金陵通讯呢！"

孙恩莲与金女大

孙恩莲（1904—2004）是笔者孙建秋的姑姑，1904年出生于山东掖县(今莱州市)，从小在潍坊的教会学琴、练琴、司琴。孙恩莲1924年入学，是1928年金女大首届音乐系唯一的毕业生。毕业后去江西真光中学教音乐和英语。1948年赴美，在北卡罗来纳大学图书馆做编目。此工作要求她懂多种语言，她十分努力。

孙恩莲刚进金女大时，参加了顾天琢组织的Glee Club，导师是苏德兰（Catherine Sutherland，1893—1977）。苏德兰家境富裕，但本着基督爱人的精神来到中国，作为传教士于1918—1925年在安徽南宿州福音堂服侍，1926—1945年任金女大音乐系钢琴教授，教音乐欣赏、音乐史、风琴等课。

当时金女大还很困难，没有琴房，学生练琴都需要到位于莫愁路的明德女中。后来明德女中的校长，金女大的创始人之一怀特（Miss White）校长退休即将回国，孙恩莲与张芗兰、郝映青等金女大同学一起欢送怀特校长。

1925年，金女大建校十周年大庆，师以法老师的妹妹尤素拉（Usula）从英国来到学校，一起帮助排演莎士比亚的喜剧《仲夏夜之梦》，露天喜剧带来了不同的文化氛围和至高的享受。孙恩莲迫不及待地把剧照给了她母亲，可见重视程度。演出中，她既是伴奏，又是树林中的合唱仙子。

金女大孙恩莲（左）与音乐系主任苏德兰（右）（孙恩莲提供）

1929年，金女大明德校友欢送明德女中怀特（Wright）老校长回国（孙恩莲提供）

金陵合唱团后排右一孙恩莲、右四苏德兰，前排左一何昌麟、左四黄丽明（孙恩莲提供）

1925年，金女大演出莎士比亚露天喜剧《仲夏夜之梦》

1. 《广州风光》（Sight of Guangzhou）
2. 《伊岭岩》（Yiling Grottoes）
3. 《洛阳牡丹》（Loyang Peony）
4. 《云冈石窟》（Yungang Grottoes）
5. 《故宫》（Palace Museum）
6. 《天坛》（Temple of Heaven）
7. 《漓江秀景》（The Beautiful River Li）
8. 《南京》（Nanjing）
9. 《苏州园林》（Suzhou Gardens）
10. 《无锡大运河》（Gran Canal in Wuxi）
11. 《黄山》（The Yellow Mountain）
12. 《蓬莱仙阁》（Peng Lai Xian Ge）
13. 《西藏古迹——大昭寺》（Historic Site in Tibet）
14. 《西双版纳风情》（Xishuangbanna）

孙恩莲晚年在美国致力于宣传中国。1979年，改革开放以后，她非常高兴，当时住在萨克拉门托市的老人公寓，她要求弟弟孙明经为她找一些宣传祖国的图片、幻灯片等。以下是她收到的幻灯目录，由世界银行官员、对外经济贸易大学毕业生何建雄同学亲自带去。从目录可看出她的兴趣，和宣传范围的宽广。当时放映效果非常好。

1984年，美加校友邀请克馥兰、孙恩莲回中国游览山河。笔者孙建秋母亲吕锦瑷派电影学院的儿子孙健三陪同参观定陵、登长城，并摄影留念。

对于克馥兰来说，这是她第二次登上开阔壮观的长城，欣喜无比。刚刚开放的中国游人看到一群色彩斑斓、活泼兴奋的妇女也感到很奇怪。尽管观光日程很紧，孙恩莲、克馥兰坚持要到孙明经、吕锦瑷家来看一看，吃点饺子。司徒珠、汤一雯等都来了。笔者孙建秋也在场，感受到了此种浓浓金陵情。

1994年，孙恩莲已是90岁高龄，校

1984年，长城上。左起 孙恩莲、孙健三、克馥兰

友徐振玉为她题写了盛唐诗人张谓的诗。从《湖中对酒作》摘选了四句：

夜坐不厌湖上月，昼行不厌湖上山。
眼前一樽又长满，心中万事如等闲。

樽已斟满，往事浮上心头，垂暮之人对往事种种已是一派释怀、豁达，看开的心境，视同平常事一般，谈笑风生之余更能淡然从容面对。这是对孙恩莲的赞美，也是她生命晚年的写照。

2004年，孙恩莲平静去世，享年100岁。她的儿子陈万谦把她母亲保存的照片刻成光盘，与若干珍贵纪念物品一起寄回金女大，大大丰富了我们的金陵记忆。

朱月珊和她的弟弟

朱月珊出生于中国上海一个富裕的家庭，父亲是上海著名的刑事律师朱斯沛，是第一位从耶鲁法学院毕业的中国人。家里有12个孩子，在女儿中朱月珊排行第五。她的几个姐姐都在美国留学，而她个性很强，自作主张不去美国留学，是家中第一个决定要在中国上大学的女性。1937年，朱月珊毕业于金女大数学系，后任体育教师。她在金女大因为演了《嫦娥奔月》中的玉兔蹦蹦跳跳而出名。

上海大轰炸时，朱月珊在急救医院担任了一个月的秘书。她不顾家人的反对，骑自行车来往于医院和家之间。在日本人轰炸新施百货公司（上海最大的百货公司）时，她的家人为阻止她外出，把她的自行车执照藏了起来。她被迫在家里待了一天。第二天早上六点半，她便悄悄溜出了门，骑上没有执照的自行车赶赴医院。到医院后，她又打电话回家，要家人把自行车执照送到医院。

她的弟弟朱黼华（排行第七）是杭州笕桥空军军官学校（即中央航空学校）第八期毕业生，歼击机专业。1937年卢沟桥事变后，当年毕业的朱黼华立即驾驶战斗机参加对日作战。当时中日空军力量悬殊，中国空军只有凭英勇机智，并抱着视死如归的决心与敌机在空中展开搏斗，但由于双方武器优劣明显，往往造成我方机毁人亡。八年抗战中，朱黼华

朱月珊

金女大年级干部，左一体育股长朱月珊（外号猪头三）、右一体育股长谢文息

1937年，朱月珊上物理试验课

航校的同学几乎全部壮烈牺牲在空中战场上。凭借个人智慧和灵活技术,与日寇作战七年,朱黼华只受过两次轻伤。不幸的是,1949年11月20日,朱黼华在完成战斗返航时,因汽油耗尽只得迫降,最后机毁人亡,长眠于贵州黎平县境六寨中黄乡的大山之中。他的名字被刻在南京航空烈士陵园供后人缅怀。

朱黼华与他心爱的战机

朱琴珊与汤吉禾

朱月珊的姐姐朱琴珊曾是金女大的英美文学教师。朱琴珊的一生坚强、果敢、不平凡。

留学归来的大律师朱斯芾摒弃了重男轻女的封建思想,决心给家中的女儿们求学的机会,为三姐妹请了新式家庭教师启蒙,学习英文、数学和钢琴。1920年,又将三姐妹送到沪上著名的贵族学校中西女塾读书。1926年,琴珊和两个妹妹从中西女中毕业,次年均被推荐到美国读书。1927年三姐妹远渡重洋,要强的琴珊选择了最难的数学专业。在卫斯理安女子学院就读一年之后,琴珊向往纽约等大城市,转学到马萨诸塞州的史密斯女子学院,专业也改为英国文学。卫斯理安女子学院和史密斯女子学院都是美国有名的贵族女子学院,学费昂贵,对学生要求严格,被认为是培养领袖和领袖夫人的摇篮。

在中国从没有游过泳的琴珊第一次去上体育课就是高台跳水,琴珊不敢跳,老师无奈之下叫她走下去游,并严厉告诫她一年内必须学会游泳的全部项目。琴珊决心克服这个障碍,从此每天坚持游泳,终于功夫不负有心人,一年后琴珊顺利通过了游泳考试。在史密斯女子学院就读期间,琴珊还学会了德文和法文,极大提高了自身的语言水平。史密斯学院的四年磨砺进一步培养了琴珊刚强、果敢和自信的性格,

金女大校医 Dr. Merrow（前排中）1936 年来访。陪同教师中有化学教师蔡路德（左一）英语教授朱琴珊（后排右一），朱琴珊教授英语造诣很深，讲授英国文学颇有名气

为她以后能沉着、冷静面对各种困难环境打下了坚实的基础。

1937 年到 1945 年，朱琴珊的丈夫汤吉禾升任齐鲁大学校长，他们迁至成都。1945 年 8 月抗战胜利后，汤吉禾到联合国教科文组织会议代表团任秘书一职，随团赴伦敦。会议结束回国后，汤吉禾与朱琴珊考虑决定全家从四川迁回上海。

此时大批人员滞留后方，交通工具十分紧张，全家在重庆等了将近一年后才买到机票。琴珊将近十年积蓄置办的家什由船托运，结果船在长江沉没，琴珊一家的东西全部丢失。坚强的琴珊并没有因此受到打击，她看到抗日已经胜利，汤吉禾回到南京教育部任职，于是想在南京重建一个温馨的家。琴珊来到金陵女子大学任教，她平日里节衣缩食，终于在南京虎丘路买了一块 0.8 亩的地，造起一栋房子并购置了家具。

1949 年，汤恩伯撤离上海前曾专门留下一架飞机要汤吉禾全家去台湾。在这个紧迫的时刻，朱琴珊为自己、丈夫和子女做出了是一生中最重要的选择——留在大陆，安心从事他们所热爱的教育事业。

1953 年，学校取消英文教学，要求琴珊改教俄语。她硬是每晚将自己关在房内靠听广播自学俄语，最后居然能用流利的俄文授课。

1992 年 4 月，朱琴珊去世，享年 90 岁。汤吉禾于 1995 年与世长辞。虽然年少时的意气风发在历史的波折中渐渐隐去，但他们在苦难中相互扶持的精神始终令人钦佩，他们对教育事业"虽九死其犹未悔"的热爱和坚守始终是中国一代知识分子崇高精神的象征。

廖静文与徐悲鸿纪念馆

金女大西迁成都，化学系来了一位文静的女生，叫廖静文，她6岁时迁居长沙，先后在长沙市十一小学、周南女中读书，随后参加抗日文艺活动。1939年廖静文考入中央美术学院，1943年以优异的成绩考取了成都金陵女子大学化学系，于1945年与徐悲鸿结婚。徐悲鸿身体不好，她一直在身边照料。1950年徐悲鸿担任中央美术学院院长，身体很差，依然坚持教学和教务工作。

1953年9月26日徐悲鸿去世。大师去世的第二天，廖静文毫不犹豫地将徐悲鸿留下的1250幅作品，以及其他收藏品和书籍全部无偿捐献给国家，很快位于北京火车站附近的"徐悲鸿纪念馆"就对公众开放。

"文化大革命"期间，纪念馆被拆除，廖静文担心徐悲鸿的画作，给周总理写信。周总理派人将画锁到故宫博物院的一间屋子里。几年后廖静文请求恢复纪

廖静文

念馆，周总理作了批示。1983年，坐落在北京新街口北大街的徐悲鸿纪念馆落成了。

"文化大革命"期间，一些油画被不当地卷起来，一动，颜料就破碎掉落下来。看着那些破损的珍贵油画，廖静文的心都要碎了。几十年来，她一直为修复那些珍贵的画而努力。最终发霉的国画由国内专家修复得完好无损。后来她又从国外请来了油画修复专家，现在重要油画基本修复完毕。

徐悲鸿纪念馆拥有画作1200多件，目前展出的不到200幅，其他的因为没有地方展出，只能放在收藏室里。

谈起当初捐画时，不少好友劝她，孩子还那么小，应该考虑自己和孩子今后的生活问题。对此，廖静文在《徐悲鸿的一生》中写道："这些作品和藏品凝聚了他对国家和人民深沉的爱，我能据为己有吗？不能，决不能！"

廖静文对纪念馆充满深情，她说："我死了，就在纪念馆旁边挖个坑，把我的骨灰埋在里边，我要永远守着这个馆。没有别的，我就希望这个馆越建越好，让美术界还能够产生悲鸿在的时候一样的影响。"

廖静文在成都华西坝金陵女大化学系学习两年。后来徐悲鸿病倒，她只好辍学。虽然学习时间不长，但这对她的性格有很好的影响，她看到女子可以创立一番事业，也曾尝试创立徐悲鸿美术学院，培养后继者。2010年，廖静文在出席了金女大北京校友会时与众多金陵校友见面，十分激动，看到这么多女性人才，她十分高兴。

我行我素的邬静怡

邬静怡是一个极具个性的女子,阳刚、爱美,爱穿好看的花旗袍。1923年她从金女大生物系毕业,留校任生物系教师,在金女大工作14年。南京大屠杀期间,她在南山山坡上修建了实验厂。为了改变南京的鸡经常抱窝的现象,她不断地改良品种,不断取得成效。一天,日军突然赶来,人们让她撤退,她说我的鸡怎么办,表示要与鸡场共存亡,真是倔强的女子!

后来邬静怡匆匆去美国留学,随身行李十分简单。金女大教师楼她的房间也一直保留着,后来清理时吓了一跳,发现三个箱子:一箱放着衣服,主要是旗袍,爱美!一箱是朋友存的瓷器,仁义!一箱全是枪和子弹,为了保卫鸡场!

日本人攻下南京,到处抓花姑娘,邬静怡依然时常穿着她的花旗袍,这可急坏了程瑞芳,对她说:"鬼子到处抓花姑娘,你就不怕招鬼子来吗?"她说:"这是我们的校园,我穿我爱穿的衣服。"她相信女人的尊严在什么时候都要得到保证。

她身体较弱,不能过度劳累,但是对待她的养鸡场,却是刚毅果断。

在难民营里面,华群开办学校,为的是不让这些女子荒废学业。因为日本人要实行奴化教育,对所有的学校加强管

1929—1930年，校庆日师生校园合影。第一排教师皆是金女大骨干，前排右一邬静怡、右二华群、右三苏德其、右五师以法、右六程瑞芳、右七陈英梅、右八吴贻芳

理，华群把这附中称作"实验科"（家长不理解，觉得不好听，华群解释说其实是一样的，质量有保证）。

实验科学生回忆了邬静怡是如何上课的。那时她走进教室，揣着两枚鸡蛋，一个蛋壳是厚的，一个蛋壳是薄的，问："你们猜猜看！"然后从识别鸡蛋壳，到鸡蛋的营养，到鸡的种类。让人吃惊的是，她还养了鹅。她养的鹅非常凶，可以防止山上的黄鼠狼来偷鸡。

后来由于难民过多，食物缺乏，养鸡饲料越发困难，她仍然坚持想办法。最让她气愤的是，常有日本兵来偷她的鸡场种蛋，邬静怡大怒，跟日本兵闹起来。

珍珠港事件以后，1942年，日军占领了金女大校园，她转移了鸡场，低调地进行着她的实验。她去美国以后，出版了《东方遇到西方》，记录了当年的故事，由于是晚年的回忆，生动的细节并不多，但是封面上用了一句话，"出淤泥而不染"，虽身处难民营，但是依然保持了自己的节气。

她终身未婚，将毕生积蓄捐给了华人筹办的生物基金会。

邬静怡（后排左一）与她的生物课同学

1921 年，1923 届校友在南京绣花巷合影，后排左三头戴鲜花者为邬静怡

汤汉志——中美医学交流使者

汤汉志（1901—1979），湖南长沙岳阳楼区人。她从小接触基督教与西方文化思想，立志要接受最好的医学教育，当一名普济众生的医生。她天资聪颖，1918年考入金陵女子大学学习生物，毕业后于1923年考入北京协和医学院，与后来成为我国著名妇科专家的林巧稚一起学习，是当时该院仅有的三名女生之一。

6年苦读，汤汉志最终获得了医学博士学位，留院任妇产科助理住院医师。1929年，她与该院教师李振翩结为夫妻，并随夫去美国纽约洛克菲勒医学研究所从事病毒学研究，1930年回国。抗日战争爆发后，汤汉志又随丈夫辗转上海、广州、香港、桂林、安顺等地。除在军医学院教学外，她还随身携带着药包，走到哪里就在哪里接诊，不管是在山坡上还是在田野里，随时为受伤的百姓包扎，为患病的难民分发药物，为即将临盆的产妇接生，因此，汤汉志被人们誉为"救命医生"。抗日战争胜利后，汤汉志全家随学校迁南京。时值国共和谈，她随丈夫常去梅园新村中共代表团驻地，遂结识了周恩来与邓颖超夫妇。1948年底，根据中美文化协议，美国务院邀请汤汉志夫妇去美国，汤汉志去了乔治·华盛顿大学医学院深造。1955年后，汤汉志博士一直在华盛顿圣约翰·伊丽莎白医院任内科医生，后来专门从事精神病研究、

金女大1922级汤汉志班毕业合影

治疗。

1972年尼克松访华，打破了中美关系的僵局。紧接着中国派医学代表团访美，代表团副团长林巧稚是汤汉志在协和医学院的同学，她见到汤汉志的第一句话就是："毛主席托我带个口信，欢迎你们夫妇回国去看看。"1973年7月，汤汉志夫妇回国做客。7月29日，周恩来总理会见汤汉志夫妇。8月2日下午，毛泽东在中南海书房亲切接见了他们。

此后，汤汉志夫妇一直从事中美友好与中美医学科学交流工作，1975年6月和1978年6月，两次回国参观，分别受到周恩来总理与邓小平副总理的接见。1979年，金陵女儿汤汉志因病逝世。

严氏四姐妹捐赠疗养室

1923年，金女大1933级两位才女相继因肺结核去世，肺痨猖獗，又有几位感染。吴贻芳十分担心，号召捐助疗养室，并隔离患者。严氏四姐妹严彩韵、严莲韵、严幼韵、严华韵遂从父亲遗产中拿出一部分捐建了疗养室。1936年疗养室落成，四姐妹又动员吴宪博士（严彩韵的丈夫）与其几位连襟捐款，为疗养室添置设备。

大姐严彩韵为金女大1921级毕业生，二姐严莲韵为1924级毕业生。

金陵女子学院重建后，严莲韵任校董。她担任吴贻芳基金会主席，四处动员大家捐款，为恢复金女大而努力，被称作金陵的灵魂。重建的教学楼里有严幼韵及家属捐建的"光洤图书馆"。严氏姐妹几个和家属捐赠了实验室，题名"彩韵莲韵幼韵室"。

1936年,严氏姐妹与吴贻芳校长、沈克非医生合影

严氏姐妹,从左至右依次为严莲韵、严幼韵、严华韵。严幼韵嫁给外交官顾维钧而为人熟知

严莲韵与丈夫徐振东在严氏四姐妹捐献的疗养室前

袁岘禾与郭栉恩——司徒雷登"惹"的两场"祸"

一、袁岘禾

金女大1947级是个大年级,有56位毕业生。级长袁岘禾在校很得人心,她洪亮而低沉的嗓音具有很大、很特殊的召唤力。每次运动会或排球比赛,金女大的啦啦队总是胜出。"不算!"对手说,"你们队里有男生。"惹得大家哈哈大笑。袁岘禾更是笑得吼吼地震天响。她是个一向喜欢笑,喜欢交谈的人。她洪亮的嗓音时隔70年仍然让人难忘。笔者孙建秋因为编书,想去采访她,请她帮着辨认一些图片。"您可是活历史啊。"笔者说。她的回答令人吃惊:"我是睁眼瞎子,已经没有视力了!"笔者不信,她说:"那,你就来吧。"她只能凭着微弱的感知力辨别光的方向。去之前期待大门口看见一位戴墨镜,一手拄拐杖,一手在空中摸索的老者形象。结果,她身穿粉红色的T恤,下身白裤子,短发,身板笔直,刚刚从对面单位的跑道跑完十圈。走路飞快,仰着头,迈着矫健的大步。真不相信自己的眼睛。

袁爱莲提供了几张大学时代的小照片:其中一张,中间是袁岘禾,左边是袁爱莲,右边是张风雅,还有袁爱莲在校园的照片——收获不小。袁岘禾大姐,还是那么幽默爱逗人,说:"建秋,我要为你揭他们的老底,好不好?"说着,她拿出翁汾庆大哥当年追爱莲大姐的红色求爱信,交给了我:

使,在学界享有一定的声誉。

二、郭栴恩

改革开放后,政府允许办幼儿园时,郭栴恩就利用在金女大通识教育环境下学到的各种有用的知识和自己喜欢唱歌的特长(她外号叫"鸽子",是女高音,声音悦耳、英语又强)开展幼儿的音乐与双语教育,金女大时期的同学崇英在美国闻讯,给她寄来了乐谱和一些经济资助,雷安美也寄来幼教资料。郭栴恩干得很努力,教得非常认真,声名鹊起,她把幼儿园命名为"金陵幼儿园",金女大的名字响亮,自带光环。郭栴恩的金陵幼儿园深受家长信任和欢迎,但"金陵"二字并不能随随便便使用,有人对此提出异议时,吴贻芳校长就站出来说:"'金陵'是我让她用的。"可见吴校长对郭栴恩的关照、保护和信任。后来没过太久,郭栴恩去世了,没能充分享受和完成她全心投入的心爱事业。

袁岘禾(中)、袁爱莲(左)、张风雅(右)在金女大

"这下子我交差了。"一下子拉近了我们的距离。接下来的谈话非常愉快,让我置身于1947级的生活中。然后我拿出带去的1947级的毕业照,辨认出最后排左起第五人就是袁岘禾,还有前排正中的高个子自然是司徒雷登,他是当时美国驻华大

前排中央三位师长,左起蔡路德、司徒雷登、吴贻芳,后排左五袁岘禾

金陵三闺蜜,左起凌崇英(音乐)、郭栉恩(历史)、雷安美(生物)

程乃欣——乐观生活

程乃欣给人最突出的印象就是永远乐观向上,怀抱理想。

1948年,因父母去联合国工作,她这个独生女也被带去美国上学。在异乡,她不安心。1949年中华人民共和国一成立,她立即设法回国,参与建设新社会。父母受她的热情感染,不久也回来了。

作为金女大北京校友会秘书长,她的家成了理事会活动的中心,她总是准备好饭菜、茶点,让金陵的氛围更加浓郁,让会议更加热烈。她是北京校友会的笔杆子、记录者,是金女大北京校友会活动的书《我们的足迹》的编辑,她的诗歌《人生什么好》深受校友们喜爱。

程乃欣

知心姐姐姜达雅

姜达雅，1928年6月生，波阳县磨刀石乡磨刀石村人。早年在波阳芝阳师范附小就读，1949—1951年就读于南京金陵女子大学社会学系，1954年调入共青团中央工作，分配到《中国少年报》，从此，姜达雅与儿童新闻结下不解之缘。

1960年，《中国少年报》创办了"知心姐姐"栏目，创始人之一就是该报高级编辑姜达雅。多年来，该栏目在新闻界乃至全社会产生了良好的反响。

"知心姐姐"富有爱心，她为孩子说话，为孩子呼吁。每年夏天报社都会收到一些有关孩子下水救人被淹死的信件。"知心姐姐"便在报上指出："遇到有人落水怎么办？"她明确指出："救人要靠勇敢，还要靠机智和本领，在自己能力达不到的时候，还必须依靠大人的力量。"以后，这方面的来信就大大减少了。

姜达雅经常为孩子呼吁，不遗余力。1980年，她收到许多孩子反映学习负担过重，眼睛近视，体质下降的诉苦信，便重拳出击，在一版刊登了上海、广西、湖北和黑龙江等地孩子反映学习过重的来信，大标题是"四封鸡毛信"，表示十万火急。在"小言论"中，她加上触目惊心的标题"救救孩子"，呼吁减轻学习负担，给孩子休息、娱乐的时间。

她的另一力作是《这个闲事，李莉该不该管？》李莉是

姜达雅，1952 年于南京

四川省南充市内燃机厂子弟小学三年级学生。她看见一个不满 3 岁的女孩摔倒在地，呜呜直哭，就跑去扶她，不料，孩子拿小圆规的手向上一挥，刺在李莉的右眼球上，导致角膜被刺穿，失去视力。事后，有人责怪她"爱管闲事"。她很伤心，给"知心姐姐"写信诉苦。"知心姐姐"将来信全文刊登，组织孩子们讨论，让正反两方面意见交锋，辩论十分激烈。最后总结："李莉这样做，值得！愿大家都做小雷锋。"讨论引起社会的反响，北京同仁医院眼科主任邀请李莉来京治疗。她的视力由 0.1 恢复到 1.0。李莉大学毕业后，在中央统战部工作。

"知心姐姐"是个虚拟的人物，也是集体笔名。这个集体不为名，不为利，勤学苦练，业务过硬。他们严格要求自己：每周去学校和 10 个孩子交朋友，深入了解孩子的特点和思想脉搏的跳动，加强报道的针对性，使之贴近生活，富有感染力；重视孩子来信，每信必阅，重要的每信必复。

在长达 40 年的编辑工作中，她把青春和年华全部献给了启迪儿童心扉，培养少年成长的神圣工作。她有一颗熟知儿童、热爱儿童、关心儿童成长和强烈母爱的金子般的心，这使她不仅坚持不懈地工作了 40 个春秋，而且留下大量为儿童喜爱，让成年人钦佩，让教育家感叹的作品，《知心姐姐的话》《藏在心中的爱》《长出翅膀的孩子》《十一颗小智星》《洪秀全》《少年沉浮启示录》《校园新星》《中华少年明珠》《世界风花少年谱》等 150 万字的书，凝结了她在崇高事业上付出的心血。2001 年 11 月 6 日，在《中国少年报》创刊 50 周年庆祝活动中，她荣获"功勋中国少年报人"奖。台湾知名人士范光陵先生这样称赞她的作品："姜达雅女士作品意美情高，宜推广供两岸少年儿童阅读，则对少年身心有莫大之意义也。"

姜达雅的父亲姜伯彰先生，早年经李烈钧介绍加入同盟会，参加武昌起义，深得孙中山赏识，1922年调至孙中山身边担任机要秘书。1926年，蒋介石委派他为财务委员会委员，抗战时期他是江西省各界抗敌后援会主任委员，1947年他当选为国民党"立法院"第一届立法委员。1971年8月28日病逝于台北，享年87岁。

姜达雅小学三年级起就回老家波阳县磨刀石村读书。18岁时，二哥动员她到南京考大学，并寄来路费，让她到九江找一位朋友买票速来南京。当时正值国共谈判之际，九江至南京成为交通热线，二哥的朋友怎么也买不到票，最后让她乘一架小型军用飞机飞抵南京。这是18岁的她第一次见到飞机，第一次乘坐飞机，飞机上除了飞行员就只有她一个乘客，此外便是国共和谈的文件箱。飞机超低空飞行，她在后座上一路惊心动魄。

姜达雅的丈夫赵维田是著名的国际法学家，被誉为中国的"杰克逊"（GATT之父、美国著名国际法学家），WTO法学家。

1997年，团中央直属机关举行歌咏比赛。散会时，央视主持人敬一丹听说姜达雅是"知心姐姐"，激动地上前拥抱姜达雅，说："知心姐姐，您是我的启蒙老师，我是读您的文章长大的。"

张肖松谈金女大节日与仪式

大学四年，那填得满满文史知识、浓厚情感、活跃思想和新奇经验的四年，匆匆过去，到了必须走出校门步入社会、回馈学校，独立营生之时。我在毕业前，不像同班同学考虑接受何处何种工作。那时，大学毕业生人数，在中国各地皆甚缺乏，供少于求，一个人可由好几个机会中选择其一，不似今日毕业生动以百计之情形。我个人因早已预定返回母校教历史课程，早已有了定心丸，便省掉麻烦，专心于即将面临的任务。

毕业典礼在金女大异常隆重。在星期天举行毕业训词礼拜，由学校邀请一位德高望重、社会知名之人士到会演讲，另一日举行毕业接受学位文凭之典礼。礼堂中通常由招待员领导学生、家长及一般客人入座礼堂之后段，普通学生们坐中段，然后在乐声中毕业生排队按乐声循顺序缓缓进入中央通道，经过业已起立之客人及学生座位，而达前排指定给毕业生之位置。殿后之教授们与校长则最后步上讲台，循序入座。典礼秩序静谧严肃，由校长主持，环节中大约包括校长演讲，学生接受文凭，由教务长唱名，毕业生一一上台从校长手中双手接受文凭，鞠躬于其前后，便步下台阶，节目中尚有音乐演奏和校歌。散场时，由台上坐者先排队在钢琴音乐声中步出礼堂，继以毕业生，然后是普通学生，秩序井然。

1940年，张肖松在华西坝留影

嗣后在礼堂内外毕业生个别接受亲友之祝贺，礼堂内外变成非常热闹之场面。草场上散布三三两两拍照留念之人群。

此种严肃秩序井然之仪式，用于毕业典礼者，我只在母校金陵参加过几次，始于我自己当学生和自己毕业之时和以后在母校任教之时。以后参加许多学校的毕业典礼，从未见过如此慎重者。多年之后，在台北由金女大多届毕业生所创办之金陵女子中学的一次毕业典礼中，才再见此种庄严慎重之典礼，一时使我惊异伤感，掉下感动之泪。

我不但对典礼的严肃印象深刻、心底感动，也同时怀念在幼小时送我入校的先母，遗憾她不能看见我大学毕业，也可惜家远，父亲年迈，不能出席典礼，眼见同班同学多人，都有家人亲友在座，均面露欣喜之色，我不免心羡。同时我也自慰，以一个只是准备接受识字教育的女孩，居然靠天意和自己的努力，终能获得学士学位，已够"荣宗耀祖"了。今后的前程，还得要靠继续奋斗，或者在教育界能一展抱负呢！

金女大的学士学位，在以后几年学校向政府立案以前，是由美国纽约大学承认资格的，所以本校毕业生去世界任何大学的研究院进修，都有资格直接进入研究院成为正式生而无须补习学分。这是那时本国好些大学的毕业生所享受不到的权利，我们金陵女大毕业生颇以为傲，因为那表示我们和美国良好的正规大学有同等资格和待遇。后来我得机会进密歇根大学，立即被承认所有修过的学分，不必辅修任何一课，所以在一年内取得硕士学位，其实规定心理学是自然科学，不必交论文，只修完规定的学分及完成指定的作业就可取得硕士学位。我年轻好胜，每学期必多选学分，竟达成了速战速决的愿望。

第五章 金女大的故事

真假吴贻芳

1948年10月的校庆盛大、隆重,各地校友来了很多,她们赠送了新型、漂亮、白色的大灯罩,装在礼堂的电灯上,使礼堂焕然一新。校方还邀请了不少贵宾,如神学专家赵紫宸、美国驻华大使司徒雷登等,给大会增添了不少色彩。为什么会这样呢?因为这一年不仅是庆祝金女大建校33周年,同时,也是吴贻芳博士任校长20周年的纪念日。

为此,历史系主任师以法老师特地编写了一幕没有台词、只有动作表达吴校长献身教育事业的哑剧。

当得知要我扮演吴贻芳这一角色后,我就特别注意吴校长的一举一动,并尽量回忆以前大会、小会上,吴校长讲话时的神情、语态,走路时的姿势、模样,希望能模仿得更像、演得更好一些。我还到南山吴校长的住处,向她借了一件平日常穿的浅蓝色旗袍。由于当时我的身材与吴校长差不多,穿在身上非常合适。另外,不知哪位好心同学还为我找来一副没有镜片的空眼镜框,让我带上,因为校长是戴眼镜的。

演出的那天,舞台上空空的,只是在左侧斜放了一张普通常用的书桌和一把椅子。我装扮成年轻时的吴贻芳,坐在书桌前的椅子上,做一些翻阅书籍、书写笔记、思考问题状,表示勤奋学习、认真工作的样子。这时,先后有三位由同学装扮的男士,从舞台的右侧,横穿舞台走向左侧我的书桌前,向我求婚，都被我婉言谢绝了。第一、二位的扮演者是谁，扮演的角色是什么，我都忘记了，只记得第三位的扮演者是华平，她头戴礼帽、身穿一套笔挺的西服，装扮成一位青年学者，潇洒地走到我的面前，向我求婚。我仍然是摇摇头、摆摆手、没有同意。这位青年学者，只好失望地、沮丧地慢慢走下了舞台。接着，头戴花环的黄钰，装扮成教育女神出场了。她一步一步向我走来。我看见了她，十分高兴，立刻从椅子上起身，向她走去。我们二人手挽手从舞台的中心，面向观众，在结婚进行曲的音乐声中，慢慢地、有节奏地走向台前，结为终身伴侣，全剧终。这时台下响起了一片掌声，这掌声不仅是对编者、表演者的鼓励，更是对吴校长献身教育事业精神的赞美！

本文选自《校友通讯》2012.12.20 第 25 期 汪爱丽

1948 年，真假吴贻芳合影。吴贻芳校长（左），校长扮演者汪爱丽（右）

著名的来访者"飞剪号"

1931年9月,查理斯·林白(Charles A. Lindbergh)夫妇来到金陵。当时南京东北部大运河以东地区因洪水而成为一片汪洋,许多堤坝坍塌,许多村庄被淹没,上百万的老百姓流离失所,无家可归。他们夫妇二人来不及参观访问,立刻为水灾救济委员会的测量工作提供了帮助。这次由林白夫人驾驶"飞剪号"飞机,她的丈夫则在飞机上绘制水灾区的地图。这些地图对于准确了解损失的范围提供了极大帮助。

金女大校史上邀请过不少贵宾,其中就有林白夫妇。林白于1927年5月20日驾驶"圣路易斯精神"号飞机从长岛的罗斯福机场起飞,21日着陆在巴黎布尔歇机场,成为首个进行单人不着陆的跨大西洋飞行的飞行员。

查理斯·林白

学生会活动

成都学生会公社成立大会

青年会干事合影，前排右一施葆贞，左一耿丽书（宋庆龄的英文秘书）

现实文学会。金女大会员左起：三排钱瑛、张宝芬；二排徐季华、夏郑安、赵孟明、段俊泰；一排张咏雨、许希麟（抗战初期空军战斗英雄刘粹刚烈士的夫人，刘在"平型关大捷"中配合八路军作战阵亡），许希麟成为金女大特招生。金大会员左起：二排中方声，诗人、现实文学会负责人；四排右一白勇达；四排左一谢铁鸰（谢涛）

致知社图片,摄于1950年7月3日。前排左起彭世瑜(医渝)、须心华(化学)、汪安琳(生物)、白秀珍(地理);前排右一为朱任秋(化学)。二排左一为陈瑞华(化学)。三排左二曹怡(日后中科院感光化学所所长)、左三徐丽丽(徐悲鸿之女),左六林祖骧,左八曹其燉;四排左二陈薇、左三程鸿雁等

汪安琳(生物)、须心华(化学)、白秀珍(地理)等七人1948年发起组织金女大自然科学社团"致知社",开展各项活动。首先她们对水非常关心,举办了长江三峡图片展,并从不同的角度对水的保护和利用进行讨论,很热烈。由于学科交叉,视角丰富,多种讨论都十分热闹。如对棉花的专题讨论,地理系的白秀珍对我国棉花分布进行介绍,化学系的同学就棉花的性能进行介绍,生物系同学就棉花的生长做小演讲,大大丰富了同学们的知识。1948年10月,她们黄昏时分去南京紫金山天文台观看星星,用一个直径为八寸的望远镜直观天象,看月亮、行星、流星、土星、火星,等等,大大开拓了眼界和思维。后来"致知社"由七个人发展到几乎整个理学院。

宋美龄访问金女大

1939年9月,宋美龄(前排左六)访问金女大,与吴贻芳及师生在加拿大小学台阶上合影

1939年9月,宋美龄访问金女大。在访问期间,宋美龄感慨地说:"我在金女大只看到了唯一的错。"大家纷纷不解,期待宋美龄指出是什么错误,她微笑着说:"金陵不应该只有现在的150名学生,你们应该有1500名学生。"

此外,当时后方瓷器供应跟不上,金女大连一些粗瓷碗都买不到。吴贻芳请宋美龄为学生捐瓷器碗,宋捐出了自己收藏的200只细瓷碗。

《月里嫦娥》——金女大草地舞剧

1937年夏天，金女大体育系排演舞剧《月里嫦娥》，孙明经应邀拍摄，笔者孙建秋有幸在耶鲁神学院档案馆查到了舞剧原始说明书。由于是黑白无声片，无法获知更多细节。

编者：章映芬（金女大体育系1937级毕业论文）
导演：海怡迪（Miss Edith C. Haight，教师）
协助导演：章映芬、孙淑铨、张自厚、尹金珠

前言

舞剧是以舞蹈表演故事的戏剧，故它的主体是表达剧情的舞蹈，自始至终由音乐伴奏，并无歌唱，亦无对话，这是与话剧、歌舞剧的不同之处。

本舞剧的故事，依据两个中国民间传说，一个是"嫦娥奔月"，一个是"吴刚砍树与月中玉兔"，由编者合并成一个故事，并编配适合剧情的舞蹈。全剧共分四场，每两场之中有一插场，各场连续演出，并无停顿。

音乐方面，得本校音乐系教授及同学帮助极多。此外于表演节目方面各教职员复多匡助，不胜感激。

这次的演出，一方面是表演有价值的体育活动，一方面是为本校体育馆及游泳池筹募款项，所以本系代表学校对于来宾光临的热忱敬致谢意！

舞剧故事——嫦娥

嫦娥是后羿的妻子，心肠极好，而后羿却是一位暴虐好怒的君王。某日，后羿出猎，在西王母处得了长生不老药，他兴高采烈地跑回来，叫嫦娥代他保藏，以便择吉时服食，嫦娥怕他长寿，百姓将受苦无穷，再说，她也无法忍受后羿的残暴，于是，偷吃了仙药，驾云奔入月宫。

月里住着樵夫吴刚（克桂）与捣药童子，据说他们是学仙有过错，被罚砍桂树，要把桂树砍倒，才能随月亮掉落人间，重得自由。但月中有保护桂树的白兔和月蟾，不断与吴刚他们为难。

吴刚与捣药童子工作得极勤，他们希望早日逃出月宫，但当十五天后，月色暗淡、桂树弯倒时，白兔与月蟾看不下去，非常担忧，他们不断跑来轮番打断砍桂树的工作。捣药童子赶走了月蟾，白兔又来，只在饭箩边跳来跳去，引得吴刚火起，弃了斧弃了树径直追过去。他一走桂树就长好如初，当他们追了十五天疲乏地回来时，月亮圆圆，桂树枝叶婆婆地在风里摇曳，他们只得再从头工作……便是这样，月亮十五天慢慢变暗，十五天慢慢变亮，月复一月，年复一年。

嫦娥进了月宫，里面寒冷而孤寂，她每夜俯视人间，温暖，欢乐，禁不住轻轻叹气，有个诗人写道："嫦娥应悔偷灵药，碧海青天夜夜心。"当真，即使她不懊悔，也是寂寞啊！

吴刚把一切都看在眼里，一夜他对嫦娥说："咱们合作吧！你赶一下白兔，不一月我就可把桂树砍倒，那时月亮沉落，咱们都能回到人间！"嫦娥想了想，答应了。

月亮就此渐渐暗下，暗得在空中摇摇欲坠，除了那些惯在暗里做坏事的人外，全世界都急得发跳，星星都发抖，互相撞着。

但嫦娥是心软的，即使寂寞，也不会残酷，所以当她发现地上可怜的景象，以及天空的星星在暗里互相撞得粉碎时，她流泪了，思想斗争一番，知道自己做了件坏良心的事！

于是，她立刻拒绝了合作，不再追赶白兔，吴刚没法，只得再弃下垂落的桂树，亲自驱赶白兔。

嫦娥扶起桂树，月亮重新亮了，五彩的云霞绕着，星星欢乐地闪着眼，照着黑夜。人间个个仰头望着皎洁的月色，每年中秋夜，家家焚香斗，答谢嫦娥的好心。

嫦娥呢？她依旧夜夜俯视下界，只要大家欢乐，她寂寞些，也就忍下了。

舞蹈目次

第一场　嫦娥奔月

1. 后羿出猎

2. 万民惊扰

3. 嫦娥同情百姓

4. 后羿得灵药回宫

5. 嫦娥偷服灵药

6. 后羿追嫦娥

7. 云舞

8. 嫦娥驾云奔月

第一插场　天空：云星与月

第二场　月中

1. 吴刚砍树

2. 童子捣药

3. 白兔、月蟾保护桂树

4. 桂树复生

5. 克桂童子愤怒树之复生

6. 月里嫦娥，凄凉寂寞

7. 商榷

8. 合作

第三场　宁忍寂寞，拒绝合作

1. 狂欢

2. 继续努力，保护桂树

3. 桂树复活

第三插场　月色圆圆，众星歌舞

第四场　中秋祭月

1. 彩霞（月华）绕月

2. 家家焚香斗

音乐

钢琴：赵华娟

国乐：苏女中校友队仲文瑜、纽因棠、张寿棣、赵毓芬、史人宇、孙淑铨、章映芬

服装：陈越梅（主席）、海怡迪、蓝乾碧、胡棻

筹备委员会

节目：孙淑铨、章映芬

布景及事务：诚恩慈(主席)、许兆标、周翰青、杨丽琳、陈斐然

招待：谢文秋（主席）、高仁瑛、袁柏樵、华明、李鸿年

演员表

嫦娥—陶立华　后羿—孙淑铨

克桂—章映芬　捣药童子—朱思贞

桂树—谢文息　白兔—朱月珊

月蟾—朱宝华

宫女—张自厚、蓝金石、王镇英、尹金珠、张钰堂、刘宗芳

从猎者—陈元之、周纪馨、方文娟、金绍庭、许梅英、蔡子固

卫队—古宝珠、张杏卿

百姓—邓宁苏、马时芳、蔡淑美、徐红崖、蒋祖英、汪钰、程自文

乡民老人—刘湘秀、农夫—张润植、牧童—胡美德、渔夫—吴玉琳、樵夫—朱兰夏、浣衣妇—文运坤

云—陈品蘅、陈思行、张佩兰、周载芬、朱瑜、李志清、刘有庆、杨琮琇

星—冯百齐、奚慕权、黄仁华、刘保德、谢光卿、曾瑞雯、钱淞英、李果珍

流星—凌琬瑜

说明：电影《月里嫦娥》由金陵大学理学院孙明经拍摄，全长15分钟，黑白默片。需要及时把音乐配上，用钢琴和苏州民乐。

此剧由体育系学生创作、构思编排，旨在为金女大筹款兴建游泳馆，演出在社会上引起轰动，堪称抗战爆发前金陵文化界的一大盛事。

新颖是这出舞剧最大的看点。一是内容新，剧本内容出自古老的神话传说《嫦娥奔月》，却能巧妙地突破传统的束缚将嫦娥奔月后的命运描画得一波三折、跌宕起伏，将女性面临利与义抉择时的无奈、无助，内心的纠结与犹豫表现得淋漓尽致。最终，嫦娥深明大义，舍生取义的结局使此剧超越了剧情本身。二是形式新。一片芳草地成就了一个变幻无穷的舞台，没有豪华新颖的设备，没有光鲜时尚的服装，没有逼真昂贵的道具，没有变幻无穷的灯光。天马行空的想象，丰富的肢体语言以及寻常的生活道具，一片片轻纱托起一座缥缈的月宫，一个裹着白纱的圆盘就是一轮皎洁的圆月，一条丝带将嫦娥深锁于广寒宫，一身黑衣的"桂花树"配合锲而不舍的"克桂"左右摆动，嫦娥一念之差容忍克桂砍下桂树的一刻，一片黑纱徐徐笼罩在圆月上，顿时表现出了天地无光，月色暗淡的景象，地上的百姓惊慌失措，跪地祈祷。

"麻姑献寿"的典故由来

金女大前校长德本康60岁生日大庆，同学们开动脑筋，给她一个惊喜，采用了中国式的祝寿方式——麻姑献寿。

麻姑，道家又称她为寿仙娘娘。古人以麻姑喻高寿，因麻姑修道（应仙人王方平之召，降于蔡经家），当时年仅十八九而貌美，自谓"已见东海三次变为桑田"，至少有106岁了。又传三月三西王母寿辰，麻姑于绛珠河边以灵芝酿酒祝寿。因此上演麻姑代表了寿辰庆典之隆重、敬酒祝福仪式的诚敬之意，同学们感谢德本康夫人为创建金女大和修建宫殿式新校园的贡献。大家更不忘她1938年被关进日本的集中营，出来后，在艰苦的条件下，设法绕道回母校，陪着华群办学，教书并做辅助工作的事迹。

我国汉族民间为女性祝寿，多赠麻姑像，或采用与麻姑有关的祝寿形式加以贺福，此曰"麻姑献寿"。金女大学生为首任校长德本康夫人贺六十大寿，采取此特别且隆重的祝寿形式，十分贴切，脱俗高雅，有新意而又有趣味。贺寿的金女大学生个个青春貌美，身着新奇的装扮，充满中国民间特色及本土韵味。金女大这样一座教会女子大学，祝寿都有着丰富而深厚的中华元素及风味。

图片虽然不清楚，但十分珍贵，表现了金陵女儿深厚的国学功底和对于中国神话传说的重视。想象力和表现力都非常丰富。她们把寿星德本康前校长放到了西王母的重要位置上，有丫鬟打扇，两旁伺候。左边可见她的蟾蜍；背着圆圆的月亮从广寒宫赶来的嫦娥，右边的北极寿星老人，散花的众位仙女等等，几乎调动了整个宇宙，把祝寿活动推向高潮。老校长乐不可支

华西坝抗日时期的回忆

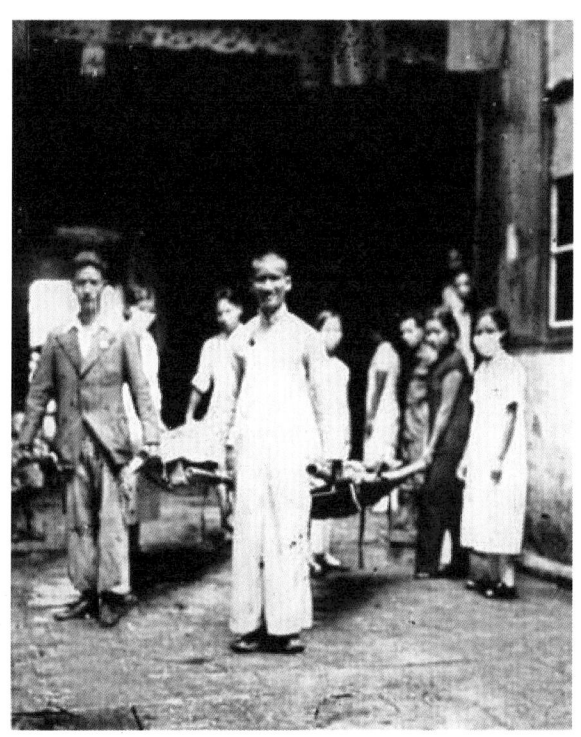

1943年,成都华西坝遭轰炸,金女大师生参加救护

抗战时期宋氏三姐妹在华西坝

流亡时期金女大师生教唱《锄草歌》

金女大师生离开华西坝

复员

复员指的是抗战时从东部沿海各地搬到内地的高校在抗战胜利搬回原址。西南联大从云南昆明复员到天津、北京；成都的五所教会联合大学和一个系——南京的金陵女子文理学院、山东的齐鲁大学、成都的华西大学协和医学院、北京的燕京大学、中央大学畜牧系——除协和医学院留在成都之外，其他四所大学和一个系之中，三所大学回到南京，一所大学(燕京大学)回到北京，一所大学(齐鲁大学)搬回青岛。

金女大这批复原学生大多数是在成都入学，她们没有见过宫殿般的母校金陵。

学生从四川成都复员到南京时心情复杂，一边看到母校宫殿般的校园，十分欣喜；另一边又看到被日本人破坏的建筑十分气愤。很多楼里的教学仪器设备都被日本人运走了，优质木材做成的桌椅都被日本人当取暖的木头烧了。文学馆300号楼屋顶的琉璃瓦片被毁坏，被修上通往屋脊的直梯和日兵宪兵队的瞭望台，侵略者的痕迹触目惊心。

同学回到南京母校,见到宫殿般的美丽建筑和开阔的校园十分兴奋。同时背景中的日寇瞭望台提醒大家金陵校园被日寇占领的罪行。前左二学生为外语系钱安琪,后成为外交学院教授。1947年2月孙明经摄

第六章

金陵女中

南京金女中的创建

金女中，英文名 Practice School，直译为实习中学，即实验中学。这是华群老师于 1924 年一手创建的，只有高三，目的是给金女大毕业生提供教学实习的基地，也是保证中学的教学质量和改进教学方法的实验场所。华群亲自坐镇，听课、做笔记、课后进行指导。1925 年由刘恩兰负责，后由陈玉珍当校长。1931 年建成了带有完整高中三个年级的学校，1933 年完成登记。但因附中一开始没有自己的建筑，上课都用大学的教室和设备，住宿条件十分困难。宋蔼龄、宋庆龄、宋美龄三姐妹闻听后捐赠了一座实验中学宿舍楼，1933 年破土动工，1936 年落成，能住下 60—72 名学生。1936 年增办初中。

华群老师在楼前种上了玫瑰，修建了木桥、花架，蔷薇花儿顺着竹竿爬上去成了芬芳的凉棚。大学部的毕业生离校前总会眷恋地在校园留影，许多人都会选择此处。

1937 年 3 月，南山两座教职员楼落成。温馨的室内装修和布置完成后，老师们从 500 号楼搬了进去，过上了轻松愉快的日子，找到了家的感觉。可是好景不长，日寇进犯南京，甲号楼遭抢劫偷窃不断，华群不堪搅扰，搬进了僻静的金女中宿舍，在女大东南角一隅稍稍得到休息，在这里她写下了著名的《华群日记》（也称《魏特琳日记》）。笔者孙建

1933年金女大附中正式立案，图为1933年附中毕业生合影

秋1950年入初一（1956年毕业）。教我们课的是金女大的老师，体育老师萧嘉玲、地理老师蔡德粹等。我们上课的教室，可以骄傲地说，就是老校友出资筹建的"华群纪念堂"。

附中校舍只有两座建筑：宿舍楼是1934年宋氏姐妹捐建的，教学楼则是为纪念华群老师由校友捐助，于1947年建成的。两座楼型完全相同，中间由一个池塘隔开，四周绿树环绕，环境优雅。附中享有特权，学生上课可以使用大学专用的实验室、体育馆、音乐楼教室等，教师业务水平很高，举止优雅，气度不凡，培养出不少人才。

1946年以后，学校大发展，非常活跃。

在金女中的毕业生中，有我国著名的建筑师单明婉、王锦海。

单明婉出生于1934年，高中毕业于金女大附中，后考取清华大学建筑系，后在四川建筑设计院工作。

金女大附中陈玉珍校长

宋氏三姐妹为金女中捐建的宿舍

夏郑安,吴贻芳秘书,在附中的木屋前。1946年金女大附中的生源大幅增加,没有教室,条件比较差,在木屋中上课

女大附中的单明婉和章丙元总喜欢坐在树上

附中池塘边,新建在池塘边的附中非常美丽。女大的学生离校前纷纷来此留影

金女大附中宿舍楼门廊

华群所建附中玫瑰园,日军占领南京期间,华群居住在此,《华群日记》就是在这里完成的

1939 级女生在金女大附中

金女大附中 1948 届毕业照

金女大难民营时期附中高一同学，许勤的班级。一排左二吴静华（银行会计），左三许勤（又名朱为捐，中国百科全书编委），左五冯代美，左六程淑英（北京晚报五色土编辑）。二排左二林弥励，左三为首任校长德本康夫人

1939年圣诞节，金女大附中许勤扮演圣诞老人（右一）

1956年,王锦海(后排中)毕业六年,后成为我国著名的建筑设计师。1951年金女中并入南京十中。二排右二为姜卉芝,中国科技大学数学教授。二排左二管惠梅,企业家。一排左一叶蓉华,南京大学物理系教授

2013年,1956级南京金女中代表出席金陵双年会。左起陈怀新、应广玲、笔者孙建秋、薛庆渝、姜卉芝

金女中隆重上演多幕大戏《郁雷》

1947年，南京宁海路上十分热闹，金女大礼堂连续多个晚上演出话剧《郁雷》。每晚整出大戏演出时间都是三个多小时。令许多观众没有想到的是这出多幕大戏是由金女大附中排练的，专门招待学生家长和各方来宾。

抗日胜利后返校，金女大复原南京，人数众多，1946年这一届金女中同学特别多，课堂爆满，没处上课，就在金女大东南边日本人留下的两排木板房上课。宿舍仍然是宋氏姐妹捐赠楼。

1946年初中部和高中部同学有了一个大举动。她们联合排练话剧《郁雷》——由作家朱彤改编自《红楼梦》的一出话剧，是20世纪40年代国内研究红楼梦的高峰之作。该剧观点新颖明确，重点突出，人物重点不再是宝玉、黛玉，而是黛玉的贴身丫鬟紫鹃。她在黛玉死后，宝玉迎娶薛宝钗时，冲进婚场，怒斥宝玉，含泪追述了黛玉对宝玉的一片真情，揭露了贾母的阴谋和宝玉的懦弱与背叛，充分发扬了女性伸张正义与公道的一股正气。

抗战十四年，一些夫妻被迫离散，有的男子另娶了夫人，战后出现尴尬局面。不少苦苦等待的原配夫人等到的却是丈夫的背叛和遗弃。这出话剧在这样的大背景下演出，揭露了男子的懦弱与不负责任。

1947年，金女中《郁雷》演出人员留影

紫鹃性格刚毅，大胆陈词，声讨宝玉句句尖刻，痛彻心扉，感人至深，观众对于业余演员的水平有些震惊，尤其是演员来自金女大附属中学，不少还是初中生。演出大受欢迎。

导演是戏剧学校的老师，是一位优秀的导演。他要求严格，亲自挑选角色，大胆启用初中和高中的同学。

他挑选了初中的赖云梅扮演贾母、她声音浑厚、举止庄重，把贾母老谋深算的形象表现出来，有深度。林黛玉由身材高挑、苗条的淑女型高中同学卓晓文扮演。

初中的李喜桥，皮肤白皙，美丽可爱，扮演小红，敢于反抗包办婚姻，自由恋爱，爱上贾芸。

薛宝钗在这个戏里戏份不多，由初中部刘思萱同学扮演。她回忆起南京报纸当时的评论："薛宝钗演得不好不坏，跟人物差不多。扮演紫鹃的张清同学演技精湛，口音纯正，声讨宝玉句句在理，痛彻心扉，感人至深。"

《郁雷》的上演再次展现了金女大的戏剧传统。尽管刚刚复员南京，百废待兴，学校仍然积极鼓励课外戏剧活动，为同学们提供场地，帮助同学们邀请有分量的导演、观众和家长，使金女大更加名声远扬。那年大学部演的是《西厢记》和法国五幕大剧《玛亭》。

近70年后，年过八旬的刘思萱校友，2014年在北京校友理事会上拿出珍藏剧照，仿佛一切就在昨天。

台湾金女中

1949年以后，在台湾的金女大校友，感念母校培育之恩，希望在台复校，由于当时设立大学受诸多条件限制，故转而筹办中学。1954年组成建校委员会，推诚恩慈校友为召集人。当时会务以筹措基金寻觅建校用地为主，尔后又陆续举办游园会、义卖会、音乐会等。女大校友四处奔走筹措，校友们热忱募捐，当时杭立武先生（杭陈越梅校友之夫婿）及热心社会人士协助，购置台北县三重市的以德新村之址。建校用地取得后，于1956年由女大校友会为发起，组成金陵女子中学董事会，由女大校友会会长孙德芳女士为首任董事长，于是年11月5日奉准立案开学，首任校长为徐秀英女士，首届招生仅设高国各一班，学生共54人，传承金女大"厚生"校训，沿袭以紫色为校色，并以每年11月的第一个周六为校庆纪念日，发扬母校教育理想。

艰辛肇创之初，整个校园里除了十间破旧校舍外，特备有教职员宿舍，为的是稳定师资，使教师安心发挥所长，提高教学质量。

徐校长重视师资，除敦聘金女大和其他大学毕业的优秀教师外，特聘请外籍老师教授英语会话，不但定期举行语文背诵，还规定每星期五，同学或师生之间，必须以英语交谈，因而奠定了学生的英语会话能力。

台湾金女中孙德芳董事长（右一，1945级）与陈竹君董事（右四，1924级）

徐秀英校长（右三金女大1930级）与学生合影

徐秀英校长与陈家蕙校长（左五）、秦舜英董事长（左四）及女中校友

台湾金女中第一届初中毕业照

台湾金女中第三届高中毕业照

典雅的毕业典礼

台湾金女中第三届旗袍图

为培养学生持家之道,学校特设立四人一组、为期四星期的实习家庭,白天上课,中午在学校食堂共进午餐,早、晚餐需由实习家庭里的成员自行负责。原本娇生惯养、家里有佣人服侍的许多娇娇女,在这四星期里都学会了掌厨和整理家务。

学校还提供奖学金给成绩优秀的前五名的清寒学生。

20世纪50年代的台湾,女孩子穿上旗袍就代表长大成人,从小姑娘变为淑女,而金陵女中的毕业典礼,就是穿上白色的旗袍,在当时的台湾,唯一的一所女子中学的毕业典礼是如此庄重典雅。

台湾校友

一、金陵游泳健儿张宗慈

张宗慈为台北金陵女中第一届校友，1956年入校，1959毕业。宗慈身材高挑，面目清秀，有金陵渊源，她的父亲张远南毕业于南京金陵大学，姑姑张淑疆、张淑懿都是金陵女大1943年毕业的。一家人都有体育传统。

张宗慈在泳池，初中照

还在初中时，张宗慈参加了1954年第九届台湾省运会，女子100米自由式游泳，她在锦标赛中表现也很惊人，年仅12岁就囊括100米蝶泳和200米蛙泳的冠军，并在400米接力的最后一棒冲刺中一鸣惊人。

高中考入台湾金女中后，学校要她每天至少坚持练习两小时游泳。1958年，张宗慈这位16岁的金女中高二女生，在东京亚运会上夺得亚军，得到"蛙后"的封号，人们长久地记住了这个谦虚勤奋、笑容灿烂的姑娘。

二、"野孩子"王小棣

王小棣，台湾金女中初中毕业生，台湾戏剧编剧、电影导演。她于文化大学戏剧系毕业后，赴美留学，获德州三一大学剧场硕士学位，之后进入旧金山大学主修电影。1979

年回台湾工作。

王小棣擅于以荒谬喜剧来刻画小人物的悲喜情绪，笔触犀利幽默、笔下人物可爱又充满人情味。1979年，王小棣成立民心影视公司，制作电视节目和报道性节目，期间作品数度获得最佳制作、最佳导演及最佳编剧金钟奖的肯定，培养出蔡明亮、李小平等导演。1992年2月10日王小棣和制片人黄黎明成立稻田电影工作室，制作公视连续剧、公视长片、电影《热带鱼》(1994)等。1994年，她执导自己的第一部电影《飞天》。从通俗喜剧、纪录片、历史剧、到动画卡通，王小棣的创作舞台遍及剧场、小屏幕和大银幕。2001年10月王小棣身患乳腺癌，与病魔抗争，同时仍坚持创作。

据王小棣回忆，她从小爱打篮球，假日时可以从早上打到晚上。就读台湾金女中时，王小棣是校方眼中不爱念书、不断闯祸的"坏学生"。父亲去学校找老师，回来后对她说："学校有些老师对你还是不错的，数学老师叶传静就说你上课老是在睡觉，是因为她讲的内容你都听懂了。"

"听懂了？"王小棣下巴差点掉下来，"我的数学成绩这么烂，老师怎么说我听

王小棣

懂了？"这句话勾起她的好奇心，上课开始听老师说些什么，不到一个月成绩突飞猛进，从满江红变成九十多分，"我还教起同学，从没想过自己可以这么厉害"。

她在高中时数学课上又碰见叶传静老师，老师问她："你不准备联考了？""对！"一阵沉默后，王小棣惊讶地发现：平时凶巴巴的叶老师眼眶红了，对她说："可惜了！好吧！你走吧。"

一句"可惜了！"又激起了王小棣的好奇心。高中时，王小棣快乐得不得了，天天打篮球，"可惜了"却在心中慢慢发酵，王小棣做了重大决定：退出篮球队，开始

发奋念书。高中老师鼓励她可以考大学戏剧系。

王小棣回忆说:"我的人生中若没有遇到叶传静老师,真的,我不知道自己现在在做什么。她是我们学校的名师。在初中阶段,对我来说,老师是生活中最不重要的。我完全不在乎成绩,还记得铅笔盒里面的铅笔都已经被我刻好数字一、二、三。考试时,我完全不费脑筋,拿铅笔当骰子,在考卷上填上一、二、三。那时的生活重心就是玩。到现在都还记得,初中一、二年级的教室都在大楼侧面,楼梯把手是金属的。我每次下楼都从扶手滑下来,不走楼梯,那时顽皮到这种程度。"

叶老师的两句话"她懂了""可惜了"是金陵教师尊重学生人格,相信学生潜力的表现,改变了一个野孩子的命运。后来王小棣成为中国台湾和国际电影界一位重要人物,金女中老师那种关心同学的精神,王小棣继承了,她现在担任台湾金女中的董事,也会给同学们讲讲自己的故事。

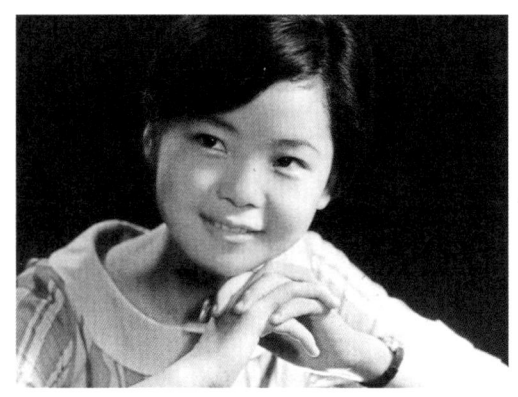

少女时代的邓丽君,1967年

三、徐秀英校长与邓丽君

1965年,邓丽君就读台湾金陵女子中学。1966年开始,初二的邓丽君开始整日旷课唱歌,徐秀英校长不同意,就对她说:"上课念书和整日唱歌你只选一样。"邓丽君选择了唱歌,自金陵女中休学。

1967年,邓丽君加盟台湾宇宙唱片公司,当时她只有14岁。9月,邓丽君推出第一张唱片《邓丽君之歌——凤阳花鼓》,正式开始职业演唱生涯。

第七章 校友会报道

  全世界没有一所学校像金女大这样，能够两年一次地举办大规模的校友会，每一次聚会校友们都从德国、法国、英国、美国、加拿大乃至从巴西高原、从太平洋的夏威夷和其他一些岛国不远万里地赶到指定地点。是什么力量让这些女子不顾山高路远，放下手中的工作和家务来与校友团聚！

  以下是笔者几次参加为母校庆生和海外双年会的情景和感受的五篇报道。

女大 90 周年校庆南京行

孙建秋

2005年10月17日上午，金女大90周年校庆典礼在南山金女院报告厅举行。会场内叽叽喳喳。我往台下观众席这么一看，五彩缤纷，红色的、粉色的，还有一片片淡紫色十分抢眼，那是金女大的颜色。一批来自美国的金陵女大附中的姐妹们洋溢着青春的活力，穿得是淡紫色短袖T桖衫。再往台上这么一看，反差太大，黑压压一片坐着两排人，几乎尽是男士，连主持人也是男的。金女大都90年了，这是怎么啦？许多老校友议论纷纷。

发言一个接一个，终于盼来一位女士，她身着浅色的衣服，优雅得体，会场顿时活跃起来。这位天津高等女子学院的代表送来了热情的祝贺。她因为赶路，风风火火，加上激动，嗓子卡住了，"请给我一杯水！"，她大声请求。喝了几口，看了一下台下："我真的很渴，不是装的。"大家全都笑了起来，严肃紧张的空气一下放松了，人们仿佛找到了感觉，这种女人感觉真好，幽默，自然而亲切。"要是金女院有个女院长就好了！"（后来真的有了钱焕琦院长）。

会场内我见到了许多熟人，还见到了1950年初一时教我们英语的唐美德老师，十分高兴，给她背了当年她教我们的英语课文，"A cat and a mouse lived in a little house. One day, the cat bit off the mouse's tail." 那年我11岁，55年过去

校友会2005 金女大90周年校庆上的旅美校友表演夏威夷草裙舞,他们的花环从美国带来,花环在一周内均保持鲜艳,夏威夷的花朵由于气候原因常开不败,寓意着金女大常开不败。左一为领队戈定喻女士

了,犹如昨天。我自己以后也从事了英语教学,她倡导的背诵法仍然有效。

下午的节目,金女大附中"小步舞曲"最让我感动。这不就是金女大的传统,每年 Maypole Dance(五朔节)上跳的保留节目吗?事后,汪爱丽校友拍着我的肩膀随口说:"你爸爸孙明经拍的电影里,小步舞曲第一对,就是我和骆明仁!"唉,踏破铁鞋无觅处,得来全不费功夫!"那么,你们认出自己啦?"我听了非常兴奋。"当然,我们当时多么漂亮!""造孽!你们怎么不早说?中央电视台见证栏目《胶片上的记忆》电视片拍摄时多么想找到影片中的人和事呀!"后来听说好多校友还没看过12集电视片,甚至不知道其中有两集叫作《红颜》,专门讲金女大这回事,甚至连有了光盘的事都没听说,我心里还是有些难过。八年战争,许多活动被打乱,被日本鬼子耽误了。日本投降后,校友们从流亡的成都返回南京。直到一年后,1947年和1948年好容易才恢复的传统,总得看一看呀。即使舞蹈者本人不在了，子女们看了也会高兴，认出以后一定要告诉我一声才好。

来自美国的台湾金女中的舞蹈《呼啦》带来了一股清新的夏威夷海风，土著人的艳丽舞裙，由兰花编成的花环垂到胸口，一起一伏，散发着阵阵清香，随着异国情调的音乐，姑娘们光着脚板，活泼、妩媚地摆动着腰际，用眼神、用肢体语言讲述着古老的传说。戈定俞校友跳得特别好，表情非常自然放松。

来自北京的金女大校友代表刘小珊、郝秀真、李锦华和我演出了四人小合唱，歌唱中穿插着金女大诗人程乃欣的诗句。轮到我朗诵了："同窗时我们青春年少，重逢时我们都已变老。"我抬起头来，看了看头发斑白的姐妹们，有的闪着泪花，有的揉着眼睛，顿时我哽咽得差点接不下去。事前我向李锦华大姐提出建立图片库的倡议，她果断地批准了，节目演完我站在台上提出了征集金女大老照片的倡议。（回到北京就收到郑州雷安美校友的照片，反面写着"舅舅孙明经拍摄，1950"。那时果然是大家庭啊！她还告诉我，她度蜜月也在我平仓巷11号的家里，睡在客厅，晒台上也安放了床，便于她们晚上数星星。真是太浪漫了。我好像隐约记得一点。）

走出会场，我朝着过去金女中的方向走去，去跟华群女士的胸像说了说话："谢谢你在1937年9月20日日机轰炸猛烈的那天不顾安危，为我父母主持了婚礼。"我还没有资格像胡华林女士那样用她的笔高喊"金陵永生"，但还是想喊一声"Vautrin Forever!（华群永生！）"我想对她说："也许你不知道，日本鬼子被打跑，难民们离开女大校园以后，你的事业仍有人在继续。"八年日寇侵华造成国民营养很差，战后孤儿、贫儿大量存在。校友李美筠与金大女教授夫人们一起办起了营养厨房，各种营养灶等，为孩子们和志愿者发送牛奶、豆浆，定期为他们检测营养状况。1948年，在金女大举行的May Pole Dance（五塑节）庆典上，金女大家政系在校园办起了展览，让大家都来关心这件事。多么了不起的壮举！中央电视台见证栏目拍摄了影片《带摄影机的旅人》中，我多次见到父亲孙明经的镜头，他总是站在家政系展区营养台后面。我读了华群女士的日记，读了胡华林写的《魏特琳传》以后，重看父亲留下的照片和电影更加理解了华群对南京妇女的大爱，老一辈人那种"抢救历史""记录下历史"的使命感和紧迫感也传给了我,我也应该做点什么,脑中逐渐形成了编写《金陵女大画册》的想法,尤其因为家中有不少父亲当年拍摄的金女大活动的照片。第二年,由笔者倡议,金陵女大北京校友理事会支持,在笔者家中专门讨论了本书的大纲。加之校友张清(中国科教电影制片厂副厂长、中国电影家协会书记)的鼓励:她说:"这本画传可是史诗啊!"我就鼓足勇气开始动手。

2006年,北京校友理事会在笔者家中专门讨论了本书的大纲。左起李宜、陈乃欣、张清、李锦华、郝秀真、孙建秋、王丽纯

南山上的校庆晚宴不分桌次,不分单位,随便坐,随便聊,大家似乎对说话比对吃更感兴趣。我一屁股坐下,对身边陌生的校友骄傲地说了一句:"我是吕锦瑗的女儿,今年66岁。"哪知她比我还骄傲,回了一句:"我是吕锦瑗的学生,今年82岁。"她竟跟我说起相声来了,真是女大的幽默。我瞪大眼睛,半信半疑,这未免也太巧了。王侠飞得意地补充道:"你妈妈把我当成她的亲生女儿,特别喜欢我(她真敢说),送给了我她自己熬成的明胶(这回是真的了),你妈妈还请我到你们家吃饺子。"然后她解释道:"那是金女大的传统,学期开始或学期当中,老师都要请学生到家里去吃饭,增进和感情了解。我们人多,就在你们院子里包,我擀皮儿"。成都南门金子街51号,我们家租住朱老先生的那个四合院立刻浮现在眼前。可惜全拆了,盖起了锦江饭店。王侠飞大姐记忆力真好。

晚宴吃的是南方菜,很是精致,甚至还有甲鱼,秋天菊花甲鱼,又肥,又补,很有讲究。像龟一样表示长寿,这是给母校,也是对年长的校友表示祝寿的意思。

我们桌的人一阵激动，我们一倡议，金嗓子李锦华和女将军钟玉征就带头用英文唱起了"Happy birthday to you!"。刚唱完第一句，大厅其他几十桌就跟着响应起来，歌声清脆嘹亮，直冲九霄。唱到"Happy birthday to——"该喊寿星名字的时候了，我竖起耳朵这么一听："Happy birthday to Ginling"十分整齐，万众一心，好像事先练过无数次一样。难怪天津的女院长说："真羡慕、真嫉妒你们金女大的凝聚力啊！"

18日上午大家参观"总统府"，实际上是中国近代史遗址博物馆。一进大厅，孙中山"天下为公"四个大字映入眼帘，这里曾是清朝两江总督署，太平天国的天王府，孙中山的临时政府办公室，蒋介石民国时期的"总统府"。最让人感动的是孙中山先生那简朴的办公桌椅和单人床。来到孙中山先生的肃穆的国务会议厅时我忍不住为女大校友谢衡大姐拍照留念。她当年是解放军，一名亲历进驻南京"总统府"的女兵，现在一点儿也看不出来她是位历史时刻的见证者，走在人群中显得那么普通。她们进驻时是在夜间，为保护文物只准睡在大堂外，水门汀地上，决不可随便走动，更不能进里面参观。半个世纪后，谢衡和我们一起参观，心情十分激动，充满了好奇心和历史感，用手指着她们当年睡觉的地方。金女大啊金女大，真是卧虎藏龙之地，出了多少优秀女儿啊！

中午我们来到位于南京郊区的金女院仙林校区，数百名金女院的女孩子们拿着自己做的礼物，在"We are from Ginling, Ginling are we"歌声中，夹道欢迎，我们真正感受了回家的温暖。这里空气清新，风景如画，高大的现代化建筑有很强的视觉冲击力。金陵女儿依托南师大真的很幸福。教学楼为四方环形，中间有小操场那么大的天井。我们来到高高的八层楼上，那天天气晴朗，有几朵白云飘过，姑娘们在四方形回廊，从一端走到另一端的教室去上课，我觉得她们真像仙女一样。举目远眺这开阔的校区，想想看，短短几年，怎么能批下来这么多的土地，这么多的经费？有多少人在努力奋斗啊。我忽然想到了主席台上就座的穿着深色衣服的领导，觉得他们真是该坐在那儿。

下午三时，校友们都去中山陵或美龄宫参观游览了，我受金女院邀请留下来，为200名金女院好学的姑娘做了"西方谈判艺术"讲座。她们听着"顺势引导""逆向思维""循环思维""千方百计不说'不'"等谈判艺术的运用,十分开心。讲座完毕,几个女孩跟了出来:"老师,你再讲。""你明天接着再讲!""你下礼拜再讲!"这么好学的孩子,吴校长该放心了。在去夫子庙品尝秦淮小吃的路上,我与英语系罗志强主任就实用英语系发展方向和课程设置问题交换了意见,达成共识。我们两人都强调"输入",都认为打好英语基础最重要,要多读,散文、戏剧、诗歌都要读。

校庆后我又逗留了几天,为了寻找父亲图片的线索,也为了怀旧。我搬进了金银街的南大招待所,隔壁金银街15号是南大蚕桑系所在地,多少农学家为了改良蚕丝,改良蚕宝宝,改良蚕桑叶在那里奋斗的历史,文化内涵丰富。1946年我家从四川流亡归来与农学院许多教授家就住在那儿的四四方方的蚕宝宝房里。建筑很有特色,室内地上有伸向外部的弯曲的7寸见方的通风口,是中国陈明记造的,很有意义,可惜被拆了,至少我得去看看陈烈明老先生。

19号中午我去了位于南京栖霞大道的南象山基督教公墓,用自己的方式缅怀陈烈明老先生。这位中国陈明记营造场的传奇老人,当年挑着木匠挑子来到南京,承接了金陵女子文理学院陶然校区的一些建筑工作和平仓巷的全部建筑工作,他严格的工程质量、精湛的木工活、四方的屋顶瓦片,至今仍大放异彩。而今天他的孙女陈佩结(附中)在南京居住的地方很小,在北京的孙女陈佩德(音乐系)居住的房子还在漏水,但她们从不抱怨,还把父亲陈裕光留在汉口路的老宅卖了500万元,捐给了农学院金陵研究院。这两位也都是金女大的好女儿啊!那天天气很暖和,我在老人的墓碑前蹲了下来,拔掉碑前的草,拍了照片。"

10月19号晚上,金女大校友会满足我的要求,替我买了十运会门票,我想亲眼看看南京新建的奥运场馆和刘翔的比赛。有老师陪我一起去,入口处为隔开往返汽车道,方便观众识别,设置了特别温馨的标志,简直是太特殊了:中间竟是用一个个种着粉红色康乃馨鲜花的花盆隔开的。真不敢相信,我蹲下身子闻了闻,用手摸了摸,还真是康乃馨鲜花。进了能容纳六万人的运动场,呼吸着南京的空气,与南京市民一起扯着嗓子高喊(吃了甲鱼，元气十足)："加油！加油！""刘翔！刘翔！"度过了一个难忘的夜晚。其间我花 40 元买了个十运会的吉祥物"金陵"(就是一个金色麒麟宝宝)带了回来。怀抱着象征南京金陵的"金麟"，我的金陵梦总算圆了。列车有节奏地行进，我的脑海里慢慢地、隐隐约约地开始形成《金陵女儿图片故事》画册的雏形。

欢声笑语南京行

孙建秋

2012年10月，金陵校园桂花醉人的香气，对南京人来说也许只是一年一度秋日的特色，对北方来的金陵女儿来说那可就是一种十分期待的奢侈了。金女院院庆定在每年10月27日，我十分担心错过大自然的这份恩赐，抱着些许遗憾来到南山。顾爱珍学姐从身后喊着："建秋，闻闻看，今年的桂花是第二次、第三次开放，等你们来呀。"南山上真的飘来阵阵桂花香，好福气、好兆头。

庆祝金女大校庆、金女院院庆的十月歌会十分精彩、欢快，各个系科的合唱都有独到之处。年轻人或轻轻摇动身体，或变换队形，或突出领唱，或增加动作。最受欢迎的节目是金女院教工艺术团的《德克萨斯华尔兹》，一半舞者穿着黑色背心，扮成男士，一半穿着大下摆的粉红纱裙，高贵、典雅、面带微笑，动作优雅、流畅、欢快。"这才是金女大！"许多老校友评论道。

另一支难忘的舞蹈是《天山少女》。三位金女院的维吾尔族新生跳起了欢快的舞蹈。新疆舞我们在电视里见得多了：复杂的动作、考究的服装、无穷的编队。这次可不同，三个姑娘（其中有一个辫子特别长），用一系列十分自然的动作，简洁、明快、节奏感强，例如，三个人排成一竖行，一个姑娘回头看第二个姑娘，第二个姑娘回头看第三个姑娘，她们两手一高一低，手指翻起，互相对视，就像下课时同学彼此打招呼那样，亲切、自然，十分清新，醉人至极，我连眨一下眼睛都舍不得，两手都拍麻了。金陵女子学院有少数民族学生啦！

我为庆典带来的节目是自编的英语Rap（拉普诗歌，相当于快板诗），题目是 Teacher, Teacher, Hard-working Gardener（《教师，教师，辛勤的园丁》）。我觉得在这个特殊的日子里献给金女大、金女院的老师很合适。节目很短，但站在贻芳报告厅的舞台上，我感到很神圣，眼睛有点湿，即兴发挥了结尾。

"Ginling, Ginling, our dear dear mother,
（仿佛看到了吴校长）

金女院，金女院，our dear dear sister"
（看着金女院年轻的老师们）

Now we are here, we gather together,

For the celebration, of the 25th year!

The sky seems bluer, the trees are greener,

We'll come back here, 3 years later."
（金女大百年大庆时再回来）

今年老校友的节目有点特别。1942级上海的王明霞大姐上台献舞，引起一阵骚动。在一段较长的序曲中，她手持两柄红绸扇款款登台，翩翩起舞，十分优美。过了好一会儿，歌词才响起："今天是你的生日……"原来如此！全场掌声雷动。一语双关，这是92岁的老校友远道而来，为母校庆祝生日了。做到这一点，得有多么深厚的情谊和多么健康的体魄啊！不愧是金女大体育系的毕业生。

今年校庆，还为本科生安排了两场报告会，以上海女作家宋路霞的"上海滩的金陵女儿"为主，我也应邀做了"域外文化之旅"的国际文化讲座。我讲了医院文化、五月花柱舞文化、诗歌文化和节日文化等。国际交流，文化很重要。伦敦奥运会开幕式上把病床搬进奥运，许多中国观众困惑不解，认为不吉利。其实，那是在展示英国人引以为骄傲的NHS（国民健康制度）的福利硕果。我用自己一次因流鼻血而有了在伦敦住院的亲历告诉了同学们一些典故、礼仪和故事。五月花柱舞（May Pole Dance）更是金女大户外体育表演的传统和代名词。

让我更兴奋的事还在后头，就是金女院对老校友亲属捐赠物品的珍惜和重视。

因为校友生前留下的每一件物品都代表了校友的金陵记忆，都能帮助复原、重现一段精彩的历史瞬间和金陵的生活片段。加州的陈万谦先生花了很长时间，精心整理和捐赠了1928级校友他的母亲孙碧如（Ruby Sun, 1904—2004）珍爱的金陵遗物，包括金陵女大校园内的Glee Club几届的照片、多年的校刊、画家为校园100号楼画的水彩绘画、1936年宋氏姐妹捐赠楼的纪念手绘画折、校友书法，甚至为举办校友活动的金陵女大图章等，还有一面她们视为珍宝的校旗。孙碧如是我的姑姑，比我父亲大8岁，1924年入校时叫孙恩莲，因苏德兰给她起名Ruby，而改名孙碧如。她的捐赠为校史还原了很多模糊的细节，光是她保留的一面校旗就让我们激动不已。

上海来的88岁的老校友邵华大姐和我一样，看到美丽无比的三角形紫色校旗时，感动得不得了。"太美了！"我们同时喊道。我们用手轻轻抚摸着紫色的缎面和紫软绸的里子，全身充溢着快乐和幸福感。紫色缎子大的一端缝着英语Ginling College环形字体，包围着被环绕在中间的用小篆体缝制的"厚生"二字，小的一端用带有在殷商青铜器上铭文金文趣味的那种拙朴的字体缝着金陵女子大学字样，我不由得感叹一面校旗包含了多少国学文化！我们两人拉起旗帜准备照相。怎么站位？自然是金女大老校友双手捏着大头，我是附中后辈，双手托着小的一端。充分享受、重温和展示这段历史，证明原来我们的校名很长时期内都曾是——金陵女子大学啊！我们快乐极了。

作为金女大第一位音乐专业的学生，孙恩莲的人生就是音乐人生，就是音乐传播的一生。抗战复员了，为了表达人们心中的喜悦，她拿出自己珍藏的贝多芬第九交响乐的唱片和挂在自己屋子里的贝多芬织锦头像（南京云锦），应邀到各校举办巡回音乐欣赏会。

我能感受到她对金陵一草一木所怀有的难以名状的亲切，我也是。这次住在南山贻芳园，清晨、黄昏都可以在熟悉的校园里散步。我信步来到音乐楼前不远处，想看看金陵姑娘们当年喜欢卧草地看紫金双峰预测天气的地方。突然传来叮咚的琴声，音乐楼里居然响起了音乐，久违了，不敢相信。原来，今年南师大音乐学院与美术学院对调了，得以从仙林搬回随园，恢复了昔日金陵的灵性。琴声领路，把我带进了音乐楼狭窄而神秘的琴廊。一间一间小小的琴房里传出繁忙优美的乐声，有的学生练琴，有的学生在边弹边唱，声音高亢，音色优美，用的还是意大利语。我试着推推门，想看看倪振家、郑小瑛、薛民徵等校友们练琴、练唱的样子。门里面被别住了，我轻轻敲敲门，说是金陵校友，就被客气地迎了进去，空间不大，还被允许拍照录音。然后我走到一楼对着正门的小音乐厅，看到一尺高的舞台上摆着两架很新的三角大钢琴，回头看，听众的位子仅有几排，房间不大，很高、很拢音，有相当好的声学效果，我能想象当年李锦华、孙家馨、骆明仁老师等在这里开个人演唱会的情形。好了，有了琴声和歌声，这下成了真正的金陵了。

84岁的邵华大姐和我激动地举着孙恩莲（1928级）保存的校旗

今年我还知道了一则好消息，想与世界各地老校友分享：那就是金女大的地位得到了更多重视和承认。我们都记得当年刚刚改革开放不久，旅美校友迫不及待、不远万里、兴致勃勃、急急匆匆来到南京宁海路校园，她们从上到下，从里到外一座楼一座楼、一个一个地四处搜寻，竟然找不到一块写着"金陵女子大学"字样的牌子。朱觉芳校友非常伤心，发着脾气大声问："难道我们的母校真的从历史上消失了吗？"痛心不已。这情况引起注意，逐渐有所改变。今年，我们的随园校园（当时叫陶谷校园）受到特别的重视，将与金陵大学一起，被当作南京重要历史文物古迹保护起来了，要建成活的博物馆，这消息使我兴奋不已。在征求意见时，我脱口而出："恢复金女中的建筑！"（至少先展

金女中上海校友会。后排左起焦川芝、吕大锦、沈陶乐,前排左起孙建秋、冯爱华

左起孙建秋、金女中校友汪惠迪(安徽科技大学数学教授)

示模型和图片吧，因为在金陵历史上它们实在太重要了）。

离开南京前的最后一天，张连红老师（金女大校史作者）应我的要求百忙中陪我参观了南京大屠杀纪念馆。纪念馆的两位负责人亲自陪同我们一起讲解参观、解答疑问，并同意提供需要的难民区几位传教士的照片。将来附中的华群纪念堂若恢复，这些照片会烘托出华群老师的贡献，更加显出它们特殊的历史和人文价值。

来南京之前，我曾路过上海，和金女中上海同学聚会，她们从上海各地赶来延安西路看我。60多年没见了，冯爱华、沈陶乐、吕大锦、焦川芝、郭爱云，她们除了长长的辫子一律不见了之外，好像多年的分离并没有造成什么差别和隔阂，姐妹之间觉得特别亲，相约好好锻炼身体，金女大校庆百年南京见。吕大锦学姐很宠我："你是客人，你说说，想去哪里吃饭？"看过地图后，我说想去五角场（离体育学院近，但从延安西路整整跨过上海市区）。满意的聚餐之后，她还特意驱车送我和焦川芝去了上海体育学院，让我们能够拜会88岁的体育老师萧嘉玲教授。萧老师当年为培养尖子，在我们初一两个班里班挑选了不少姑娘，单独进行舞蹈和体操训练，我们是直接受益人，班里同学至今（60多年后）能劈叉的还有人在。萧老师精神矍铄，两眼放光，记忆力也特别棒，对"Rhythm 和 speed 之间"常常被人误会的问题发表了高见，我真是受益匪浅。

总之，这次南京之行是一次欢乐的旅行，是和老校友们的重逢，是和同班同学的相聚，是见到和重温我姑姑孙恩莲生平和金陵生活的特别体验，是重回平仓巷、重温历史的时刻，更是见证金女院发展的盛会。我闭上眼睛，欢声笑语和桂花香气一同浮现。啊，南京！啊，我们的金陵！

2012.10.27 于金陵贻芳园

南加州金陵校友会报道

孙建秋

2015年9月我出席美国旧金山美加双年会金女大百年庆典。乘此机会我事先与张云鹤和崔肇春两位金大洛杉矶学长联系，经过他们的周密安排，我有幸出席了洛杉矶南加州的金陵校友会。这是金大与金女大联合的校友会。那天会议在蒙特利公园（Montery Park）一所高级的老年公寓活动室举行。出席的有九位校友。大家亲切交谈，相互问候，共同回忆在南京金陵大学和金女大的故事，特别是两校合并时的趣闻轶事。仅举两个小例子。

合并后，金女大化学系等理科搬到金陵大学男生宿舍。金大的文科搬到金陵女大。这样，一些刚刚入学的男生带着十二分的好奇，住进了宫殿般的女大宿舍。大调整啊，以前别说住进去，就连探望一下都不可以，女生宿舍可是禁地啊！那时领导分工如下，李方训负责理工科，吴贻芳负责文科。吴校长虽然一直是女校的校长，也尽快使自己适应新形势，履行新职责，克服心理障碍，经常到男生住地巡视，问寒问暖，使这些阳光的男娃娃很是感动。许正权校友说："吴贻芳这位慈祥、谦虚、奉献的女校长给我这个外文系一年级男生留下了终生难忘的印象。"听罢，我想检讨。过去我写金女大的故事，只知道找金女大的老校友，原来，金大男生还有许多故事没有讲。

张云鹤学长也介绍了他的亲历。那是1950年左右，在北京展览馆参观，他亲眼看见吴校长走上台阶时，发现地上有人丢下的香蕉皮。她没有立即进展览馆，而是不声不响地躬下身，拿出自己的手绢把香蕉皮包起来，然后放进自己的皮包，再站起来，优雅端庄地进去参观。吴贻芳处处替别人着想，防止别人摔倒、考虑市容整洁……悄悄地做着，尽显高贵气质。

2015年，金陵南加州校友会在洛杉矶召开。前排左起崔肇春、孙建秋、蔡慧灵、段俊泰、陆景珩。后排左起徐正权、张云鹤、缪泰范、曹锡凌

校友会气氛十分热烈，大家见面都很兴奋。当我唱着歌走进会场时，94岁的段俊泰（金女大1944级）站起来从背后顶着我的腰，我们两人一起扭了扭，实在太高兴，太难得了。她是从另一个城市赶来的。92岁的蔡慧灵大姐（金女大1947级）还是那么讲究，那么漂亮，当年金陵校园的美人，毕业典礼的引领员，她打开平板电脑任我翻拍。我拍下了她和姐姐蔡秀灵姐妹两人在金女大就读时的青春风采，真美。第三位是陆景珩，风度翩翩，身体硬朗，她将于9月19日参加抗日《九一八》八百人大合唱。她跟温可铮学习过歌唱，音域特别宽，音色美、节奏强。我请她为我录了《友谊地久天长》的低音部。那种淳厚、醉人的声音很久没有听到了。第四位女生比较年轻，叫曹锡凌，她的父亲曹守敬，母亲袁依兰都是金陵大学的毕业生，对于金大的感情更不必说。她是台北金女中的，她依照校训"厚生"，服务社会，人人都能感到她的温暖。她主动关心老校友，经常举办活动，照顾身体不便的校友，使老校友十分感激、感恩。金大俞宽庸老

We Are from Ginling

$1=C$ $\frac{4}{4}$

（乐谱：
We are from Gin-ling. Gin-ling are we. Sing-ing for glad-ness
right merri-ly, and now that. We are to-ge-ther hap-py are we.
Long life to our G. C. (Ra, ra, ra)）

学长，以故去妻子俞腾珠（JuliauYu）的名义，捐出十万美元作为金女中校友会的活动基金。曹锡凌不辞劳苦帮我找到俞学长好几张十分珍贵的照片。金大的男生一共来了四位，他们是崔肇春、张云鹤、许正权、缪泰范（金大化学系，南大53届毕业）。我们九个人在一起，真有说不完的话。缪泰范学长选修过我母亲吕锦瑗的《摄影化学课》，有许多回忆，也有许多牵挂："你母亲后来怎么样啦，他们还好吗？"金大影音部的王舜强未能出席，只通过电话回忆他在华西坝的求学生活。那时条件差，阳刚的大男孩一个个住进了一个叫法云庵的尼姑庵，抗战时的生活就是这样。崔肇春回忆了李惠堂的百步穿杨，竹溪的番茄鸡蛋面，喻宜萱的音乐会，露天电影的新闻片以及 Fantasia 的交响乐，他说露天电影伴随他们成长……总之，参加南加州校友会的收获特别大，心情特别愉快。

纽约金陵美加双年会 30 周年即兴作

Teacher, Teacher, Hard-Working Gardener

Sun Jianqiu 孙建秋

Teacher, Teacher, hard-working gardener,
Working very hard to bring up flowers.
When flowers are growing, we watch with care,
Shading, trimming, and give them water.

When flowers are blooming,
The gardeners are happy,
No matter when and where,
Always feel proud of our learners.

Teaching and learning is like a two-way thoroughfare,
To give and take we both have a share.
Teacher and learner, we work like a pair,
Without the one, without the other.

Now we are here, we gather together,
To celebrate Ginling Alumni's bianniel year,
A rare occasion for us mainlanders,

We treasure the opportunity to meet more sisters.

喻娴才 is a well-known Ginling sister,
Her father and sister were both famous educators,
She has been a persistent donator, 10,000 US dollars each year,
Helping 金女院 to grow faster
It was a great honor for us to meet her,
To sit by her, holding her hands, and talk to her,
In the past we regarded her more as a legend,
Now, we realize she is really the hard-working gardener.

黄燕华, at 94, is still a tennis player,
Her presence here greatly inspires;
It's a previlege for us to be with her,
We love her warmth and her youthful vigor.

石映珩 comes from afar—Brazil's St. Paul,
　Being a christian, she has a call,
　She brought her share of "abundant life",
　- lovely gifts and "Amazing grace" to us all.

秦舜英 spoke about the hardships,
When Ginling Girls' School was on her way,
To collect funds, they tried every means,
Even by exhibiting Christmas Cards, and let viewers pay!!

袁爱莲 is graceful, nice and wise,
Helping US Ginling sisters to organize,
The Ginling Association started in 1951, that year,
For such a tradition, she is a pioneer.

张启智 is a beautiful New Yorker,
I didn't know she is such a patient and competent leader,
Without her, without this New York get-together,
She started funding by selling ten T-shirts!!

戈定喻 is our Beijing friend, warm, joyful, and true,
22 Ginling sisters helped Gansu girls back to school,
Apart from that, she brought San Fransico chapter dancers,
Bursting and colorful, they brought down the

roof.

蒋碧莲, our dancing teacher is very very chic,
Her dancing skills is hard to depict,
Her sway and swing, her glide and spin,
"Back, and back, and back, again!"
Her signals clear and charming,
Her movements, elegant and bouncing.
Her enthusiam is so touching,
And she even led us into Ganan Style riding,
And then you see a roomful of girls jumping!

李台玲, the president, is a broad lover,
She loves God, self, people and nature,
Abundant life, she is a propogator,
Indeed, a hard-working and fruitful gardener.

赵 媛, the new president, for the first time we meet,
A teacher, a scholar, and a Phd supervisor,
She loves Ginling and paints a blue print,
金女院 will have a brilliant new leader!

Taiwan and mainland, from US or overseas,
We celebrate our life, feats and deeds,
Everybody has many things to share,
That's the beauty of a get-together.

Here and there, past and future,
Purple and white baloons, they float over,
Purple and white, the Ginling colors,
Making us stand out and binding us together.

Look, Ginling flowers are merrily blooming, On
LaGuadia Sheridan's seventh floor.
When we raise our cups, whether wine or tea,
We say in our heart of hearts, "Long life to our G.C."

2015年旧金山金陵美加双年会百年庆典

孙建秋

金陵美加双年会首创于1951年，两年一次。今年于2015年9月17日—20日在旧金山FOSTER CITY的皇冠饭店（CROWN PLAZA）举行。金陵女儿来自世界各个地方，有南美、北美、中国大陆和台湾等地的校友，大家欢聚一堂，为母校金陵女子大学创建100年祝寿。一百年前，女子中学教师严重缺乏，女子想升高等学校更是困难，金陵女子大学遂于1915年在南京成立，这是我国长江流域唯一的一所女子高等学校，截至1951年培养了近千名女子高等学历人才，还不算金女大附中。1956年，南京的金女大毕业生又在台湾创办了台湾金陵女子中学。1987年金女大校友又按吴贻芳校长的要求在南京原校址恢复了"金陵"，叫金陵女子学院。因此，此次的团聚包括了四个方面的金陵女儿。

百年庆典大会共四天三夜。头一天晚上，是精致的欢迎会，主席台上有一排紫色与黄色的"百"字，由金女大校友会副会长林德卿亲自编织，紧扣"厚生精神一百年"的主题，散发着金陵的记忆。欢迎会由两大部分组成，一是"我记忆中的金陵"，由几位老校友上台回忆当年的校园生活。喻娴才大姐讲了抗战时期在华西坝的故事，秦舜英友人讲了老校友在台湾创办金女中的故事，等等。我也上台讲了华群女士在隆隆的轰炸声中主持我父母的婚礼的故事。

第一天晚上这个简餐给我印象最深的是七八位身着金陵紫色短袖T恤的旧金山校友服务团。她们热情洋溢，整晚都非常辛苦、非常忙碌。好不容易在圆桌旁坐下，又一批刚下飞机的校友晚到了。有人过来耳语，桌子不够，她们立刻撤出，齐刷刷坐在大厅后面；后来春卷不多了，她们就突然自发停止用餐，始终以微笑服务大家，我感动得眼泪都快流下来了。谦让、礼貌、热心、服务，什么叫金陵精神？什么叫服务大众？她们成了"厚生"的阐释者，大会还没开，我已经真切地感受到了。

金女大、金女中校庆活动素来都有猜谜、智力测验的传统，比较别致，聚会的同时充实知识。这次两位旅美校友抓住百年校庆的第一年"1915年"大做文章，谜题中出现了如1915年蒸汽机的功率，1915年美国男女工资率等，通过横向对比金陵女子大学成立时世界发展的形势，让校友们对1915这一开启中国女子教育新篇章的特别年份有了更深了解。若是加一点南京1915年的情况，那就更圆满了。

第二天，双年会为大家安排了一日游，参观蒙特利尔水族馆、17英里黄金海岸线等。众所周知，太平洋海岸边的蒙特利尔是全球最大的海洋生态保护区之一，一座庞大的水族馆傍海而立。这个水族馆拥有超过6500种，30万只鱼类。最让人着迷的是水母的"芭蕾舞"，透明、柔软、千变万化。还有安静、自在、自我的海马，那种一动不动、自信、自负的架势太难得一见了。至于海獭、大鲨鱼、章鱼到海星等，更是令人目不暇接。这还不算，我们去的那天正赶上"触摸日"，孩子们可以用手伸进水里直接触摸海洋生物，螃蟹、海参、海葵等，讲解员微笑着为充满好奇心的小朋友解答问题，耐心的程度真让人佩服。水族馆是由巨大的沙丁鱼罐头厂的厂房改建而成，机器并不拆除，所处的巷子就是诺贝尔文学奖作者斯坦贝克笔下《罐头厂街》(Cannery Row)的罐头厂街。这里不仅保存了小镇风貌，置身其中，更能感受到那段小镇渔业繁荣的历史。我因为教过这本书，感触更深。水族馆至今保存了沙丁鱼工场的一角，我来到罐头厂展览处，这里人不少。

黄金海岸线是摄影名家公认的美丽的海岸线，路呈环状，整条路线经过好几个著名海滩，沿路可见海燕齐飞，惊涛拍岸，海风吹拂。湛蓝的天空，纯净的空气，对于远道而来的我们更是一种特别的享受。小镇、海港的各家海产小吃店迎客有方，可以免费品尝特别的"chowder soup"（奶油蚌壳汤），新鲜得要命，东家一拉，西家一拽，就让你吃个饱。随着巴士前行，大家叽叽喳喳，兴奋交谈，各自展示沿途购买的小纪念品。我则和戈定喻校友坐在一起，一边看风景，一边一遍遍地练习我们的相声。

第三天（19日）上午召开校友会，这是这次双年会聚会讨论的实质问题的研究会。讨论了金陵的开支、现况及未来，也欢迎大家递交提案。台湾金女中的赖校长播放了金女中的教育与生活短片，其中体育活动给人印象最深。2016年是台湾金女中建校60周年，赖校长向大家发出了热烈的邀请。然后是南京金女院赵媛院长（人文地理博士导师）播送了金女院的PPT，展示了培养出4000名校友的实力和科学管理。2015年10月南京也将举办100周年校庆和论坛，她欢迎大家去南京出席庆典。袁文莉校友主持会议，硬挤出时间，留给我三分钟，介绍一下我正在编辑的《金陵女儿图片故事》，希望能早一点面世。

正值抗日战争胜利70周年，上午，大家也借着双年会表达了对教务长华群女士的怀念和敬意。

晚上是宴会和精彩节目总爆发的时刻。此次来参加双年会的校友有90余人，其中金女大的老校友有11人。宴会加上亲友来做客的嘉宾共有15桌，约150人，人气鼎盛、服装艳丽、举止优雅。晚宴开始，首先观看摄于1934年的金女大的一部老电影《金陵女儿》。一位叫贾春美的校友志愿事先为默片灌进钢琴伴奏，其精准的节奏，融汇成丰富的电影语言，娓娓诉说金陵女儿们早年的生活。更可贵的是，影片介绍了金女大新生周里参观自己宫殿般的校园，校庆仪式，还有吴懋仪到办公室拜会吴贻芳校长的精彩镜头，大家大喊过瘾。还有金女大安排开阔视野的游览镜头，姑娘们乘一种叫Victoria的马车或卡车瞻仰中山陵，参观六朝古都的历史名胜，更参观了无线电发射塔，飞机航邮、现代工业等现代化的进程，里面还有林白（Lindenberg）夫妇飞来南京的镜头，为金陵女儿们提供了一个更为宏大的视角，也能解释金陵女儿们后来的国际视野和成功事业。

宴会开始了，食品的各种名称和口味我很不熟悉，比如 Mahi Mahi（一种鱼），四四方方，量很足但没有味道。未及动刀叉，只见每人桌上放有一块可爱的圆圆的饼干，紫色巧克力的校训"厚生"二字被麦穗包围，又有团圆的寓意，以透明袋包装，上面系着紫色丝带，非常精致，大家都舍不得吃，很多人带回家，真是带来说不出的惊喜。用餐前来自巴西的老校友石映珩大姐用庄重、柔和的声音带领大家晚祷《我们在天上的父》，继承金陵这所私立教会学校的传统。

助兴节目与用餐同时进行。来自台湾金女中的节目《站在高岗上》让人眼前一亮，健美、开朗、阳光，舞蹈动作夸张。

晚会节目由海峡两岸和美加校友一起表演，来自台湾的校友萧蓉华用英文朗诵了金女大师以法老师 1947 年写的诗歌《南京云锦》（Nanking Tapestry）。她吐字清楚，语音地道，铿锵有力，韵律优美，朗诵完毕，在掌声中她把原文复印件分发送给大家，后由北京的我和南京金女院赵媛院长上台联合朗诵汉语译文。六朝古都有千年悠久的历史，在南京发生的各种故事都交织于云锦密密的经纬之间。为解离

别之愁，金女大一贯有为毕业校友寄送一小片南京云锦的传统，即便有时只有邮票大小，因此在百年庆典之时朗诵这首诗对金陵女儿真有特别的意义，大家屏住呼吸，静静地聆听。颂毕，赵媛院长缓缓地、优雅地展开她从南京带来的一条长长的云锦，台下的观众发出"哇"的一片惊叹之声。在她用手将云锦从头到尾轻轻地抚摸一遍时，我乘势加以渲染，重复第二段，"锦纹绚丽又多姿，色泽如此灿烂，赏心悦目的织品啊，手工多么精湛！"将重音放在"如此"和"多么"上。随后，她将这条珍贵的云锦送给了主办方即晚会主持人戈定喻，这个为操办这次双年会最辛苦

的人，以表达谢意。然后是来自洛杉矶校友表演的探戈舞，风韵十足，服装正宗，舞蹈优雅。还表演了拉丁舞，奔放热烈。然后是相声，对着舞台上的大布景——美丽的金陵 100 号建筑神圣的图片，我（逗哏）和戈定喻（捧哏）开始上台鞠躬：

捧哏：金陵百年心欢畅。

逗哏：姐妹上台来捧场。

捧哏：今天不把别的表。

逗哏：专门唱唱 100 号。

捧哏：为什么唱 100 号呀？为什么叫 100 号啊？谁赞助的呀？

逗哏：金陵 100 号是史密斯女子大学捐助的。由于是第一座建筑，所以叫 100 号，上面是体育馆，楼下是社交厅。

捧哏：什么是社交厅啊？谁跟谁社交啊？

逗哏：这你就不懂了吧。金女大是一所女子学校，管理非常严格，男宾不能出入女寝，恋爱中的情侣只能在社交厅约会。在座的袁爱莲女士和翁庆汾先生当时就是在这里搞成的，今年是他们结婚 60 周年。

两位相声演员即兴拉起手、迈碎步，哼起《婚礼进行曲》，不想台下观众立即

相声《金陵100》

热烈响应，拍双手应和伴奏，将晚会推向高潮。

然后是舞会。金女大、金女中是女子学校，跳的多是排舞，当然也跳华尔兹。排舞之后，跳到高兴之处，大家把手搭在前面大姐的肩上，把深情往下传递，开始转圆圈，越转人越多，这种即兴舞蹈的美妙是很难用语言形容的。为增添气氛，有专门的乐队（这支乐队叫波浪 The Wave，有职业女歌手）伴奏，演唱助兴。

舞蹈的优美，黄金海岸的海风，云锦的诗意，相声的欢畅，金女大、金女中发出的约请，集体象征团结的转圈圈舞蹈，构成了百年双年会的交响。会场的座椅上都用紫色的丝纱系着蝴蝶结，会议结束时

2015年,校友们旧金山金女大美加双年会上合影

主持人戈定喻宣布,每人可以领一条或多条带回去,随身带去金陵的紫色。

20日清晨有个短暂的礼拜,之后是离会时间。为等候旅馆免费班车,每个人都要从门口这里经过。皇冠宾馆里对着门口处的花坛有一排石墙,喻娴才大姐就坐在那里,喻大姐刚从纽约搬来这里,家近,决定最后离开。她与各位校友一一再次话别、互相叮咛,虽然已经道别过了,还似有道不尽的千言万语。上届主办人张启智也来了,好好聊了一下,袁爱莲大姐与翁庆汾大哥也来了。我凑过去,分享、感受这浓浓的金陵之情。啊!我们的金陵,心里一个劲地高呼 Long life to our G. C.(金陵万岁)!

Nanking Tapestry
by Eva Spicer

The threads of Silver, blue and gold
      Are woven in and out,
The pattern stands out clear and bold,
      We know what it's about.

For they are lovely things to see
      In colors dark and bright,
These bits of Nanking Tapestry
      We think they're made just right.

We'll send them to many a place
      A gift from fair Ginling ;
For life must have its share of grace
      If the world's to learn to sing,

We need our strength and beauty too,
      To do what's to be done;
And so we'll wish all good to you
      Whose life has just begun.

南京云锦
师以法 作 / 孙建秋 译

金丝银丝，彩色丝线，
老式提花精细无限，
丰富的内涵啊，
就藏在经纬之间．

锦纹绚丽多姿，
色泽如此灿烂，
赏心悦目的织品，
手工多么精湛。

美丽金陵母校的礼物，
我们会寄往许多地方，
生活必须有一份优雅，
世界也必为之颂赞。

在你们生活即将开始之际，
随云锦把祝福送上，
做好我们分内的工作，
教师也需要坚强和美丽。

校友情

1937年北京校友在东四青年会在校庆日坚持举行校庆活动，后排左二眼科专家刘佳琪、左三历史学家朱繘、左五严彩韵，中排左二B超专家李果珍、左三为痛风专家郁采繁、左四为医生汤汉志，前排左一外贸学院法语教授及北京校友会理事司徒美媛

1947年，最后的南京金陵校友会，右一彭洪福，右二会长吕锦瑗，右三文艺部王家玮，右四总会会长黄续汉，右五乡村建设部徐幼芝（彭洪福提供）

1973年在cape cod 留影。第三排中心为孙恩莲（1928级），她左边是王侠飞，她右边是邬静怡，后排左三是哈佛大学终身教授胡秀英，前排左一是苏德兰，左三是营养学家严彩韵，严彩韵右身后是经济学家朱觉芳，二排右二烹饪学家谢文秋、右三化学家蔡路德

1980年11月,东四青年会,吴贻芳校长来京会见金女大北京校友。

第一排:左二王耀云,左三何瑞麟,左四邓裕志,左五王明贞,左六吴贻芳,左七朱仲止,左八刘家琦,左九俞锡璇。

第二排:左二黄元汉,左三吕锦瑗,左四张滢华。

第三排:左二汤一雯,左四王萃珍,左五张瑞祥,左六段俊泰,左八梁彩霞,左九叶至美,左十曹婉如,左十一黄吟诗,左十三朱文曼,左十四程渊如,左十五巍英。

第四排:左一吴祖畦,左二马霭如,左三顾履真,左四陈淑贞,左六周佩仪,左七刘幼兰,左八程乃欣,左九郝秀真,左十张临夏,左十一舒兴达,左十二彭洪福,左十二许文璞,左十三黄学潮,左十四张之芬,左十五赖淑颖,左十六黄织 (孙建三摄影)

1980年2月,金女大南京校友联谊会

1984年11月,旅美金女大校友团访问中国。教授克馥兰坚持要访问家庭,在吕锦瑷家中的饺子宴

20世纪八九十年代的金女大北京校友会人员合影

1996年，杨绚九（左二）、朱月珊（左四）在纽约双年会上

1985年，首届老校友回娘家，左二起邓裕志（1925级）、汤硕彦（1919级，吴贻芳同班）、黄丽明（1927级）、严莲韵（1924级）、谢文秋（1924级），她们都是八九十岁的时候回母校，胸前别着紫色的金陵校色的花朵，精神矍铄，心潮澎湃

1985年，校庆合影。金女大三元老合影。左起刘冀文、梅若兰、雷安美

2010年金女大北京校友会全体理事合影。前排左起李锦华、傅伍仪、郝秀真、程乃欣、王丽纯、孙建秋，后排左起刘幼兰、张清（电影家协会书记、科教电影制片厂厂长）、刘思萱、刘小珊、戎霭伦

2012年，金女院成立25周年纪念活动。走在通向贻芳园的小路上，左起邵鑫、孙建秋、邵华、石尧（金女大校友总会理事）

笔者孙建秋(中)与张治中将军的女儿张素我(右一)

孙建秋到上海访问1939级校友90高龄的数学家宋彬教授,请她协助辨认书中图片的人物

2015年,旧金山双年会上,校友们争相记录团聚的幸福时刻

跋

编完《金陵女儿图片故事》之后,更加体会到,金陵精神归纳起来就是爱、奉献和凝聚力。笔者本着求真、求证、以史为鉴的态度,在编撰的过程中付出了很大的努力。

一、八方支援。搜集珍贵的历史图片,工程浩大。因老校友多已离世,生前又比较谦虚低调,加上金女大已不复存在,找史料和找照片犹如大海捞针,需要八方支援,这里说"八方"绝不是夸张。

例如为了写金女大航空烈士鲁美音的故事,我前后联系到了她的多位亲属及朋友,才完成这篇短文。首先顺着金女大校刊刊载的鲁淑音为其姐妹鲁琴音、鲁美音设立文学奖学金的启示作为线索,逐渐寻找到校友张肖松的女儿赵明华女士,她提供了鲁美音牺牲前夕,与姐姐的私密谈话文稿。其次由我父孙明经童年的记忆提供的线索,寻找鲁淑音的父亲鲁士清牧师。南京汉中堂陈永友老师在80多岁高龄时,蹬着一辆小三轮车,带着笔者到南京三牌楼,一家一家挨户寻访,终于寻得鲁士清后代的线索。后来1936级苏州吴惠英(笔者母亲的同班同学)在她百岁高龄时从照片上辨认出1934级合影中的杨恳,是鲁美音的闺蜜。杨恳是金女大地质系的学生,曾写过一篇文章纪念鲁美音。笔者在1935年校刊上找到鲁美音诗集《四月丁香处处开》,里面包含了十四首她的诗歌，了解了她对大自然的爱和对远方的追逐。尔后她的曾孙旅美爱国华人鲁照宁先生，提供了珍贵电子版图片。南京电视台提供了纪念专刊《遨游》。寻找她遇难的空战实况报道，幸存者目睹了她的壮烈牺牲。我动员在美国的表弟丁正、丁度在美国空军博物馆查阅 1940 年的报纸，补充了事件缘由。所以说"八方支援"绝无夸张，还远远不够。

在编书过程中采访的众多校友之中，有两个人让我印象深刻。第一件事："好人坏人"。与金女大幽默活泼的中文系学生，后成为电影演员的蒋天流电话沟通时，想寻她一两张青春时期的照片，她用上海话问："侬似霍宁阿似瓦宁？"（你是好人还是坏人？）让我甚是困惑，编书怎么会编成了坏人。后来经周折，从她的儿子处翻拍了珍贵的照片。第二件事：相见恨晚。朱琦是金女大著名的笔杆子，文采极好，思路清晰，在江苏出版社任编辑。1983 年，吴贻芳校长编书需要助手时，点名要朱琦。笔者于 2005 年与朱琦通电话。我问她："你怎么这么棒，被吴校长亲自选中？"她淡然地说："其他笔杆子都去世了，我还活着而已。"她与我讲了丰富的金女大故事，我知道她对吴贻芳编著的《金女大四十年》一书贡献卓著，说："吴贻芳的记忆好，可是她 90 岁时写书，记忆也不会精准了，一定是你起了更多的作用。"她略带指责地回答我："吴贻芳的记忆就是这么好！就是这么好！她有写日记的习惯，重大的事物全部记在心中。"我感慨地说："真是与你相见恨晚啊。"而她轻松地回应："你当然是相见恨晚了，再晚就见不到我啦。"我问："你去哪里？"她说："我要见上帝去啦。"她言语间的幽默、豁达、智慧，给我留下了深刻的印象。

二、寻求公共档案资源。为了查找在美国和英国等地的海外资源，笔者曾与汤铭新的女儿薛庆渝博士一起冒着近乎 40 度的高温，去了康州耶鲁神学院档案馆，而后委托音乐系校友倪振家的儿子熊克俭先生全力搜寻购买美国档案馆资源，如基督教历史社会研究中心、利玛窦神学院图书档案馆等。在英国委托对外经济贸易大学校友王美心女士查找资料，后笔者本人亲自到亚非学院查询搜集英籍教师师以法（Dr Eva Spicer）的金陵图片。

三、寻求个人私密文献。如笔者母亲吕锦瑗 1936 年日记 *Daisy's Dairy*，刘颖保日记等。打开母亲的日记是沉甸而欣慰的事情，既可以认识青年时代的母亲，了解她与华群、吴贻芳校长的故事，又可以得到第一手的资料。还有来自何昌琪、何玉贞、黄燕华、何洁玉、黄吟诗、俞志英的私人相册，为此书的出版提供了难得的历史图像。

四、了解海内外金陵女儿现状。到南京参加金女大2005年90周年校庆。感触很多，因此笔者倡议启动了金陵女儿图片库。又接受纽约张启智，旧金山湾区诚琪、戈定喻，西雅图林友惠等诸多地区校友会主席双年会的邀请，使我能够融入海外和海峡两岸金陵女儿大家庭。了解他们不懈的努力、感人的凝聚力和传承的精神。2016年笔者受台湾金女中校长赖凤瑞的邀请，访问参观台湾金陵女子中学，亲见校长带头实践体育、文育等活动，重视社会服务的"厚生"精神。

五、海内外校友支持。来自李似萱、喻娴才、赵稚英、石映珩、戈定喻等校友的支持。来自北京校友理事会理事李锦华、陈乃欣、陈家萱、刘小珊每人5000元的资助。来自金女院熊筱燕教授10000元的图片搜集资助费。

最后回答校友们的一个问题，他们都问："你是金女中初中的学生，为什么是你来写金女大？"我说我是金女中1950年入校的最后一届的校友，当时金女中与金女大共用校园。我的姑姑孙恩莲1928年毕业于金女大音乐系，表姑孙恩兰毕业于1942级（上海租界地区的）体育系，我的母亲（1936级化学系），曾任两届级长、一届学生会主席，任1943年成都校友会、1947年南京校友会会长。我的父亲孙明经应吴贻芳的邀请为金女大拍摄了多部电影剪辑。金女大的"厚生"精神不自觉地融入了我的家庭之中，因此我觉得我有责任记录下她的点滴，让更多人看到这些珍贵的图片和故事。

孙建秋
2019年8月

参考文献

德本康夫人、蔡路德：《金陵女子大学》，杨天宏译，珠海出版社，1999

吴贻芳：《金女大四十年》，江苏省金女大校友联谊会，1983

华　群：《魏特林日记》，江苏人名出版社，2000

鲍蕙荪：《金陵女儿》江苏教育出版社，1995

吕锦瑗：《吕锦瑗日记》，1936

李葆真：《1936级集刊》

张连红：《金陵女子大学校史》，附录 P278-363

金女院：《校友通讯》

金女大：《金陵女子文理学院院刊》

孙建秋：《金陵女大——金陵女儿图片故事》，广西师范大学出版社，2010

部分图片来源

1. United Board for Christian Higher Education in Asian Archives
2. Smith College Archives,
3. Disciples of Christ Historical Society
4. Union Theological Seminary Archives
5. Presbyterian Historical Society
6. University of Michigan Bentley Historical Library
7. Wake Forest University ZSR Special Collections & Archives
8. Ricci Roundtable on the History of Christianity in China

鸣谢

感谢北京校友理事会的大力支持。

感谢南京金女大校友会、金陵女子学院、台湾金陵女中、吴贻芳基金会的支持。

感谢南京大学新闻与传媒学院的支持。

感谢北京电影学院中国电影教育研究中心康宁博士的支持。

感谢各地金陵女大、女中老校友及家属的期盼与鼓励。

感谢贺永新、周文柏、李柳先生对本书的校对。

感谢钱爽博士、黄蓉博士的热情参与。

感谢李华瑞教授对整个编辑过程中的支持和包容。

感谢对外经济贸易大学离退休办公室的支持。

感谢对外经济贸易大学志愿者张子贤、任丽霞等人的帮助。

感谢清华大学林伯荣绘制的校园建筑草图。

图书在版编目（CIP）数据

金陵女儿图片故事 / 孙建秋编著. -- 北京：中国民族摄影艺术出版社，2021.3
　　ISBN 978-7-5122-1206-0

Ⅰ.①金… Ⅱ.①孙… Ⅲ.①金陵女子文理学院—校友—生平事迹—摄影集 Ⅳ.①K812-64

中国版本图书馆CIP数据核字(2019)第110622号

金陵女儿图片故事

编　著：孙建秋　杨　璐
责　编：张　宇
出　版：中国民族摄影艺术出版社
地　址：北京东城区和平里北街14号（100013）
发　行：010-64211754　84250639
印　刷：北京地大彩印有限公司
开　本：889 mm × 1194 mm　1/24
印　张：16.75
字　数：263千
版　次：2021年3月第1版第1次印刷
书　号：ISBN 978-7-5122-1206-0
定　价：128.00元